LES MARGUERITES
DE LA MARGUERITE
DES PRINCESSES

TOME I

PARIS
Cabinet du Bibliophile
M DCCC LXXIII

LES MARGUERITES
DE LA MARGUERITE
DES PRINCESSES

CABINET DU BIBLIOPHILE

N° XVI

TOME PREMIER

LE MIROIR DE L'AME PECHERESSE
DISCORD DE L'ESPRIT ET DE LA CHAIR — ORAISON
DE L'AME FIDELE — ORAISON A JESUS-CHRIST

TIRAGE.

400 exemplaires sur papier vergé (nos 33 à 432).
  15   »   sur papier de Chine (nos 3 à 17).
  15   »   sur papier Whatman (nos 18 à 32).
   2   »   sur parchemin (nos 1 à 2).

432 exemplaires numérotés.

N o

*Il a été fait en outre un tirage sur grand papier,
ainsi composé :*

120 exemplaires sur papier vergé (nos 31 à 150).
  15   »   sur papier de Chine (nos 1 à 15).
  15   »   sur papier Whatman (nos 16 à 30).

150 exemplaires numérotés.

MARGUERITE DE NAVARRE

LES MARGUERITES

DE

LA MARGUERITE

DES PRINCESSES

TEXTE DE L'ÉDITION DE 1547

Publié avec Introduction, Notes et Glossaire

PAR

FÉLIX FRANK

ET ACCOMPAGNÉ DE LA REPRODUCTION
DES GRAVURES SUR BOIS DE L'ORIGINAL ET D'UN PORTRAIT
DE MARGUERITE DE NAVARRE

PARIS

LIBRAIRIE DES BIBLIOPHILES

RUE SAINT-HONORÉ, 338

—

M DCCC LXXIII

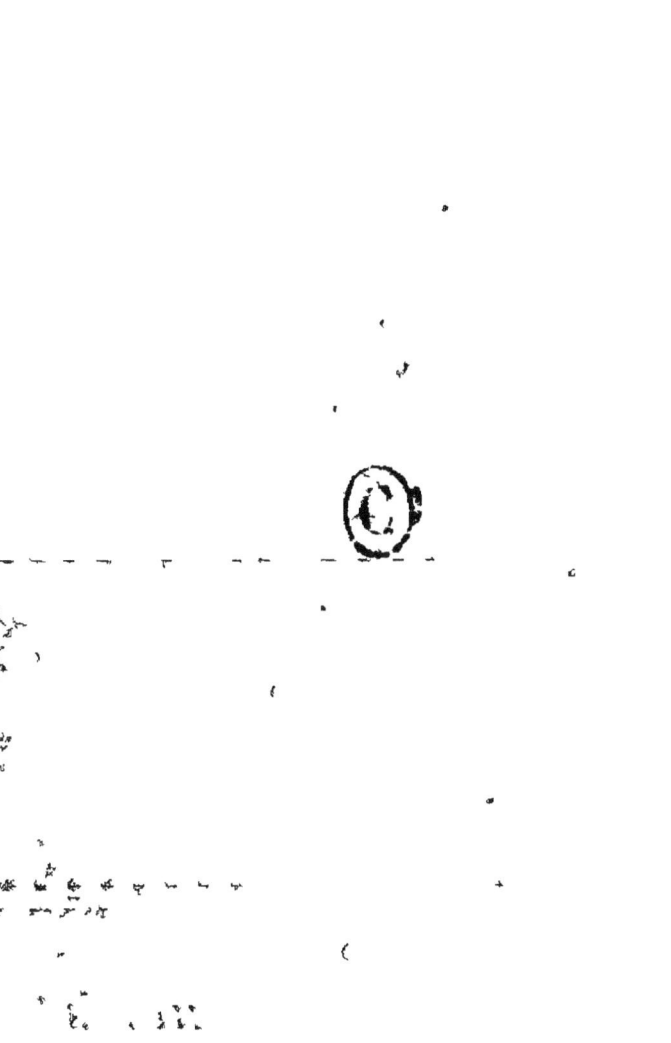

AVERTISSEMENT

Nous avons annoncé que nous donnerions, dans le Cabinet du bibliophile, une place importante aux poëtes peu lus ou peu connus du XVIe siècle dont les productions nous paraîtraient dignes d'être conservées. Nous en continuons aujourd'hui la publication par les *Marguerites de la Marguerite*, une des œuvres poétiques les plus curieuses de cette époque, et qui, jusqu'à présent, n'a pas été réimprimée : aussi avons-nous la confiance que notre édition sera favorablement accueillie par les adeptes, chaque jour plus nombreux, qu'un goût éclairé réunit autour des monuments de la littérature française.

Il existe deux éditions des *Marguerites*, la première de 1547, la seconde de 1554. C'est le texte de la première qu'on a reproduit ici, et l'on n'a eu recours à la seconde que pour corriger les fautes évidentes qu'il a paru impossible de laisser passer. A cet effet, on a dû consulter aussi les quelques pièces qui avaient paru sous forme d'opuscules séparés avant de se trouver comprises dans le recueil général des *Marguerites*.

L'édition de 1547 est en deux volumes, de dimensions tout à fait inégales. Nous ne pouvions songer à observer cette division, et notre réimpression forme quatre parties dans lesquelles, tout en maintenant absolument l'ordre du recueil original, nous nous sommes, autant que possible, attaché à grouper des pièces qui eussent de l'analogie entre elles, et à faire des volumes ayant à peu près les mêmes proportions. Voici, d'ailleurs, la division que nous avons adoptée :

Tome I*er*. *Le Miroir de l'âme pécheresse, le Discord de l'Esprit et de la Chair, l'Oraison de l'âme fidèle et l'Oraison à Jésus-Christ.*

Tome II. *Les Comédies ou mystères de la Nativité, de l'Adoration des trois roys, des Innocents et du Désert.*

Tome III. *Le Triomphe de l'Agneau, la Complainte pour un détenu prisonnier, les Chansons spirituelles, les Satyres et les Nymphes de Diane, les*

Épistres. (Ce volume comprend la fin du tome Ier de l'édition princeps et le début du tome II.)

Tome IV. Le reste du recueil, ne comprenant que des poésies profanes, galantes ou satiriques : *Les Quatre Dames et les Quatre Gentilzhommes;* une petite *Comédie*, une *Farce* ou moralité, *Trop, Prou, Peu, Moins*, et le poëme de la *Coche*, avec quelques menues pièces, dont une en *vers alexandrins*, ainsi qu'il est dit expressément dans le sous-titre : c'est, avec une *Chanson spirituelle* (V. t. III), la seule pièce de ce mètre qui figure dans tout le recueil.

Chaque volume est suivi de notes relatives soit aux obscurités et aux particularités du texte, soit aux corrections indispensables qu'on a cru devoir faire. A la fin du tome IV se trouve un *glossaire* contenant l'explication des mots les plus difficiles ou des expressions les plus caractéristiques.

Nous sommes resté fidèle, pour cette réimpression, au principe qui nous sert de guide dans toutes les publications de ce genre, et qui consiste en même temps à respecter rigoureusement le texte des auteurs, et à le présenter de la manière qui en facilite le plus la lecture et l'intelligence. Ainsi, tout en conservant l'orthographe de l'édition princeps, on a employé les accents que paraissaient réclamer impérieusement le sens et la prononciation, et l'on a cru devoir surtout, pour introduire plus de clarté dans le texte, remplacer la ponctuation parfois bizarre de l'original par une ponctuation plus logique.

Nous pensons avoir ajouté un grand intérêt à notre publication en reproduisant exactement les gravures sur bois intercalées dans le texte de l'édition de 1547, et en donnant un portrait authentique de Marguerite de Navarre, gravé à l'eau-forte d'après un crayon du temps.

Il n'est pas de notre rôle d'entrer ici dans des considérations historiques et littéraires sur les *Marguerites* et sur leur auteur. Aussi laissons-nous la parole à M. Félix Frank, dont la notice très-complète donnera sur ce point satisfaction aux lecteurs.

D. J.

MARGUERITE D'ANGOULÊME

REINE DE NAVARRE

IL semble que l'on eût pu se borner dans cette Introduction à rassembler les meilleurs renseignements sur les ouvrages de la reine de Navarre, sœur de François Ier, et notamment sur les poésies publiées de son vivant sous le titre de *Marguerites de la Marguerite des princesses*, en renvoyant le lecteur, pour le surplus, au dictionnaire de Bayle, aux études substantielles de MM. Génin, Le Roux de Lincy, Haag, Littré, de Loménie, et au livre si curieux de M. de La Ferrière-Percy[1].

---

1. Voir : Bayle : *Dictionnaire critique*, art. *Navarre* — F. Génin : *Notice sur Marguerite d'Angoulême*, etc., en tête du 1er vol. des *Lettres* de cette princesse, publiées en 1841 (Paris, J. Renouard, in-8º) par la Société de l'Histoire de France, et *Supplément* à ladite notice en tête des *Nouvelles lettres de la reine de Navarre* (1842). — *L'Heptaméron des Nouvelles de très-haute et très-illustre princesse Marguerite d'Angoulême*, etc. (Paris, 1853), édition publiée en 3 tomes, sur les manuscrits,

Mais comment parler de ces œuvres, fût-ce des seules poésies, où l'histoire de l'auteur, l'histoire de son temps, les citations et les doctrines théologiques, les mœurs de la Renaissance enfin, ont tant de part, sans toucher un peu à tout cela, sous peine d'être inintelligible ? Ces informations, d'ailleurs, éparses de côté et d'autre, sont loin de concorder toujours, et l'on reconnaîtra aisément la nécessité du travail de coordination et de révision auquel je me suis livré.

En résumant aussi brièvement que possible la biographie de Marguerite d'Angoulême, j'ai cru devoir indiquer avec précision ce que son éducation, sa vie, son caractère et ses opinions offrent de plus saillant. Signaler les principales traces de ces divers éléments dans ses œuvres; rectifier les assertions hasardées au sujet de ses poésies; relever certaines erreurs matérielles qu'il importe de ne pas laisser se perpétuer, voilà encore une tâche que m'imposait le souci d'une critique impartiale. Enfin la partie bibliographique devait recevoir ici un développement spécial.

La *Notice* qu'on va lire n'est donc ni une reproduction ni un simple abrégé des études antérieures; tout en pro-

par la Société des Bibliophiles français, avec un *Essai sur la vie et les ouvrages de Marguerite d'Angoulême..., précédé d'une Notice sur Louise de Savoie sa mère*, par M. Le Roux de Lincy. — *La France protestante*, par Eug. et Ém. Haag (t. VII, art. *Marguerite d'Orléans*). — E Littré : *Revue des Deux-Mondes* (art. sur les *Lettres* de la reine de Navarre : 1er juin 1842). — L de Loménie : *Revue des Deux-Mondes* (1er août 1842 : La littérature romanesque. IV. *La Reine de Navarre d'après de nouveaux documents*). — *Marguerite d'Angoulême (sœur de François Ier). Son livre de dépenses (1540-1549). Étude sur ses dernières années*, par le comte H. de La Ferrière-Percy (Paris. — Aubry, 1862, in-18).

fitant de leurs indications, elle les complète et les corrige en plusieurs endroits; et peut-être la figure de la reine de Navarre s'y dégage-t-elle avec plus de netteté de la réunion des traits particuliers, recueillis partout avec le plus grand soin.

I

Cette gracieuse Marguerite, chantée par les poëtes comme une perle et comme une fleur, cette Angoumoise « sentant l'eau douce de Charente », comme elle parle d'elle-même dans une de ses lettres, eut une vie des plus troublées Non-seulement ses deux mariages, les affaires du roi, des chagrins domestiques lui firent une existence inquiète; mais la famille d'écrivains et de hardis penseurs qu'elle protégea, de près ou de loin, lui valut force tribulations. Chassés et ramenés tour à tour par les circonstances, proscrits, emprisonnés, condamnés au feu, ils n'avaient d'espoir qu'en elle, la regardant avec raison comme leur meilleur avocat et leur plus zélé défenseur.

Née le 12 avril 1492, fille de Louise de Savoie et de Charles, comte d'Angoulême, prince du sang[1], elle fut, suivant le mot pittoresque de Michelet, le *pur élixir des*

---

1. Voir Le Roux de Lincy, ouvrage cité : *Appendice I.* — (Inventaire des biens meubles du comte d'Angoulême au château de Cognac en 1496.) On y remarque des livres précieux par leur reliure comme par leur contenu, vrais bijoux dans leur genre. Aristote, Boëce, Dante, y rencontrent les livres saints, la Légende dorée, l'Imitation de Jésus-Christ, les romans de la Table ronde et les Facéties de Pogge. Ces goûts studieux remontaient au père du comte Charles. Dans la *Notice sur Louise*

Valois, et continua la tradition de sa race, où l'on comptait déjà un poëte d'une élégante suavité, le duc Charles d'Orléans, père de Louis XII, ingénieux prédécesseur des Villon et des Marot. Élevée par une mère spirituelle et instruite, pourvue de maîtres choisis, sous la direction de son précepteur Robert Hurault, archidiacre et abbé de Saint-Martin d'Autun, elle apprit le latin, l'italien et l'espagnol outre les lettres françaises, et reçut plus tard du Canosse quelques leçons d'hébreu ; elle aborda même la théologie, et la philosophie des anciens ne lui était pas, dit-on, étrangère.

Simple, modeste et charmante, elle donna bien vite des marques d'une intelligence exceptionnelle. Mariée au duc Charles d'Alençon, en 1509, elle parut en 1515 à la cour du roi son frère, né peu de temps après elle, le 11 septembre 1494. Jusque-là elle avait vécu retirée dans son duché ; alors commença pour elle une série de fêtes et d'hommages. Vers 1518, François Ier, qui l'appelait sa *mignonne*, et qui, sans avoir le cœur et l'esprit aussi hauts, avait comme elle le goût des arts et des lettres, lui attribua le Berry en apanage ; c'était un vaste champ ouvert à sa générosité : elle en profita. Charles d'Alençon étant mort de maladie en 1525, sous le coup de la déroute de Pavie, à laquelle il avait eu le malheur de

---

de *Savoie* (p. II, note 1), il est dit, d'après Jean du Port, auteur d'une *Vie du très-illustre et vertueux prince Jean*, etc., qu'on lui attribuait une traduction des Distiques moraux composés au moyen âge sous le nom de Caton. L'inventaire de ses livres fournit l'indication de plusieurs volumes *écrits entièrement de sa main*, parmi lesquels le livre *de la Consolation* de Boëce, Pétrarque, les *Prières* extraites des œuvres de saint Augustin, etc.

contribuer, comme il avait eu jadis la gloire de concourir au triomphe de Marignan, sa veuve se vit recherchée par de puissants personnages. Charles-Quint, après avoir paru désirer pour le connétable de Bourbon la main de la duchesse, la demanda pour lui-même à la suite du voyage qu'elle fit en Espagne, pour obtenir la liberté de son frère. Ni ce prince, ni le connétable, si fort épris d'elle, ni le roi Henri VIII, qui songeait déjà au divorce, ne devaient l'épouser [1].

Le 24 janvier 1527 eurent lieu avec un grand éclat

1. La *France protestante* fait remarquer avec raison, contre M. L. de Lincy, que Charles d'Autriche (depuis Charles-Quint) n'était qu'un enfant de sept à huit ans en 1508, époque où l'on prétend qu'ayant eu occasion d'admirer Marguerite à la cour de Louis XII, il se serait épris d'elle au point de demander sa main. On relève aussi fort justement l'erreur de M. Génin, avançant « que cette demande en mariage fut faite par Charles-Quint après être parvenu au trône des Espagnes, c'est-à-dire après 1516. A cette époque Marguerite n'était plus libre. » En effet, elle était mariée au duc d'Alençon (par contrat du 9 octobre 1509). Mais ce qui est certain, c'est que l'empereur, écrivant à Louise de Savoie, régente, dix ans plus tard, négociait *pour son compte* un mariage avec la duchesse veuve d'Alençon (V. Génin, ouvrage cité : *Notice* du 1er vol.). Et, d'autre part, François Ier, qui avait eu à se louer, dans sa captivité, des bons offices de Henri VIII auprès de l'Espagne, essaya, une fois libre, d'un projet d'union entre sa sœur et ce prince (Génin, *ibid.*). Déjà Henri VII l'avait demandée pour un de ses fils ; mais le grand Conseil s'y était opposé.

M. L. de Lincy rejette toute idée d'union entre le connétable et Marguerite ; il ne peut nier pourtant les traces subsistantes (dans les pièces diplomatiques échangées au sujet de la délivrance du roi) d'un projet de mariage pour le connétable *de ce côté des Pyrénées*. Or l'empereur, quand il demanda Marguerite pour lui-même, parlant du connétable et disant qu'il y avait de beaux mariages *en France*, « et bien assez pour luy », semble précisément faire allusion au projet contesté par M. de Lincy. (V. Bibl. nat. Lettre 8496, fol. 13, Mss Béthune.)

les secondes noces de la princesse avec Henri d'Albret, roi de Navarre, mais roi dépossédé, qui avait passé une partie de sa jeunesse à la cour de France, et qui fut un des combattants de Pavie. La sœur de François Ier avait alors trente-cinq ans, Henri d'Albret vingt-quatre. On prétend que l'inclination de Marguerite eut une grande part dans l'arrangement de cette union, que tous les poëtes du temps célébrèrent[1]. La dot de la mariée comprenait les duchés d'Alençon et de Berry, et le comté d'Armagnac; François Ier promettait de faire restituer au jeune roi la Navarre, que l'Espagne retenait depuis l'an 1512. L'insouciance qui lui était propre et des nécessités politiques l'empêchèrent toujours de poursuivre l'exécution de cet engagement. En 1528 Marguerite mit au monde une fille, la fameuse Jeanne d'Albret, mère de Henri IV. Deux ans plus tard, elle accouchait d'un fils nommé Jean, qui ne vécut que deux mois. Sans égard pour le chagrin du père et de la mère,

---

1. Non pas toutefois Joachim du Bellay, comme le veut M. Génin, qui reproduit à cette occasion un madrigal latin tiré du *Delitiæ poetarum Gallorum* (pars 1^a, p. 432). S'il eût réfléchi que le futur émule de Ronsard, né vers 1524, était alors au berceau, et s'il eût feuilleté avec plus de soin le recueil qu'il cite, il se fût aperçu que la Marguerite ainsi chantée était la *nièce* de notre Marguerite, celle qui en 1559 épousa Philibert Emmanuel, duc de Savoie.

Page 390 du Recueil, on trouve des vers de J. du Bellay *à Marguerite, sœur de Henri II*. Le nom de Henri II revient ailleurs encore, et c'est après une poésie: *In nuptias Mommorantii et Dianæ filiæ Regis Herrici*, qu'on lit les vers *ad Margaretam sororem Regis*, puis *In ejusdem nuptias*. Il est clair qu'il s'agit toujours du *roi Henri II*, sans quoi le poëte eût mis une nouvelle indication. L'erreur de M. Génin est donc flagrante. (V. *Delitiæ c. poetarum Gallorum...* Collectore Ranutio Ghero 2 vol. in-24.)

François Ier, comme s'il eut eu besoin d'un otage, les priva bientôt, par une politique cruelle, de leur unique enfant, qu'il fit élever au Plessis-lez-Tours. Marguerite et Henri habitaient le duché d'Alençon; froissés dans leurs affections, ils prirent, en 1530, le chemin du Béarn. Toutefois, bien qu'ils y eussent désormais établi leur résidence, ils s'en éloignèrent souvent. Marguerite n'épargna pas les voyages pour le service de François Ier, surtout après la mort de Louise de Savoie (1531), qui vint briser la *trinité* si unie de la mère, du frère et de la sœur[1]. Henri d'Albret, qu'on leurrait de la vaine espérance de recouvrer la Navarre, remplissait, en attendant, les fonctions de gouverneur de la province de Guyenne. Marguerite, dans les intervalles de repos que lui laissait le service du roi de France, exerçait une magique influence autour d'elle, et pendant quelques années la petite cour de Nérac brilla d'un éclat extraordinaire. Un vieil auteur, Hilarion de Coste, énumère avec complaisance les bienfaits que Marguerite et Henri surent répandre partout, les réformes qu'ils accomplirent dans le pays. L'historien Olhagaray exalte Marguerite, « qui avoit esté l'œillet précieux dans le parterre de ceste maison, et de qui l'odeur avait attiré en Béarn, comme le thym les mousches à miel, les meilleurs esprits de l'Europe. » Les protégés de la reine de Navarre l'avaient suivie en Béarn; ce pays était l'asile des persécutés, et

---

1. Marguerite dit, dans une réponse à des vers que lui adressait le roi :

Ce m'est tel bien de sentir l'amitié
Que Dieu a mise en notre trinité.

(Champollion-Figeac, *Poésies de François Ier, de Louise de Savoie et de Marguerite de Valois.*) (Impr. roy., 1847, pet. in-fol.)

ce n'était pas au nom d'une froide rhétorique ou d'une niaise galanterie que tous les hommes remarquables de l'époque, saluant ce « chef royal de vertu couronné[1] », chantaient en chœur les louanges

De Marguerite humaine, douce et sage.

Elle était dans toute la splendeur de l'âge, de l'esprit et de la beauté, quand la parole des amis de la Réforme avait commencé de faire sur elle une impression profonde, vers 1521. L'esprit d'examen s'était déchaîné et soulevait l'Allemagne à la voix de Luther. Marguerite, contemporaine de ces grands mouvements, put voir la naissance, le progrès, les luttes du protestantisme en France et hors de France. Erasme, Luther, Calvin, ont accompli leur tâche sous ses yeux. Autour de Le Fèvre d'Étaples, docteur en Sorbonne et l'un des plus savants hommes de France, un de ceux qui contribuèrent le plus à y répandre sourdement les idées de Luther, s'était formé un petit cénacle composé des hommes les plus avancés d'alors : Guillaume Farel, qui devait préparer Genève pour Calvin; Gérard Roussel, qui fut le prédicateur de la reine de Navarre; Martial Mazurier qui, dès 1514, avait défendu devant la Sorbonne, avec Le Fèvre, la cause de Reuchlin contre les Dominicains de Cologne; Michel d'Arande, Jean Lecomte, Caroli, Pavanes. L'évêque de Meaux, Briçonnet, patronna d'abord les novateurs et prit Le Fèvre pour grand vicaire. De toutes parts on accourait à Meaux; cela dura jusqu'en 1523. Mais Noël Bedier, syndic de la Sorbonne, allait frapper

1. *Tombeau de Marguerite de Valois, Royne de Navarre.* (V p. xxj, note 3.)

les hôtes de Briçonnet. Déjà il avait fait censurer Le Fèvre et l'avait accusé d'hérésie. L'intervention de Marguerite sauva celui-ci. Elle fit plus. Michel d'Arande, introduit par elle dans l'intimité de la famille royale, faillit convertir aux nouvelles doctrines Louise de Savoie et François Ier, souriant alors presque ouvertement aux attaques dirigées contre la papauté. Le caractère mobile du roi et son amour effréné du plaisir, qui ne lui permit jamais de bien longues réflexions, l'empêchèrent de s'engager dans cette voie. Il faut dire aussi que, s'il se retourna brusquement contre le luthéranisme, il céda en cela aux alarmes d'une politique égoïste et aux suggestions de l'orgueil offensé par les entreprises d'un parti qui lui semblait violer la prérogative royale, et commettre envers elle, surtout depuis la journée des *placards*, le crime de lèse-majesté.

Cependant la Sorbonne veillait, effrayée des rapides progrès du protestantisme. Antoine Papillon, ami d'Erasme, et Louis de Berquin, zélé novateur, *le plus savant de la noblesse*, sont arrêtés par ordre du Parlement ; la duchesse d'Alençon obtient du roi leur élargissement. Le Fèvre, sommé de désavouer ses ouvrages, est obligé de s'enfuir. Caroli, Pavanes, Mazurier, jetés en prison et menacés du feu, se rétractent. Briçonnet, faible devant le péril, monte en chaire pour se démentir publiquement. De son palais et de sa ville d'Alençon, qui lui dut le repos au milieu de la tourmente religieuse, Marguerite agit en faveur de ceux qui souffrent et combattent pour la liberté de conscience. Le luthéranisme se cache ou se dissimule, tandis que dans les murs du collège de La Marche, inconnu à lui-même et aux autres, Calvin adolescent continue ses études sous maître Mathurin Cordier. Dès lors c'est une lutte incessante, dans l'ombre ou au grand jour, entre l'esprit nouveau, soutenu par Marguerite d'Angoulême, et le vieil esprit d'oppression et d'obscurantisme, incarné dans la Sorbonne.

Tout en s'occupant des affaires de l'État, la noble femme ne perd pas un instant de vue les dissidents qui tournent les yeux vers elle. Du fond de l'Espagne, où elle est allée négocier la délivrance de François I[er][1], et où elle *brasse* le mariage du roi prisonnier avec la reine Éléonore de Portugal, sœur de Charles-Quint, Marguerite lutte contre les fureurs orthodoxes qui entraînent Louise de Savoie, régente, à des mesures de violence, soit par suite d'un revirement de croyance, soit par calcul politique. Elle tire de François Ier une lettre au Parlement, afin d'arracher Le Fèvre d'Étaples des griffes de ses ennemis. Érasme lui écrit de Bâle pour la consoler en cette *tempête de malheurs*[2]. Le comte Sigismond de Hohenlohe, doyen du chapitre de Strasbourg, correspond avec elle pour tâcher de gagner le roi et le royaume aux idées nouvelles, jusqu'au mois de juillet 1526, où Marguerite lui fait savoir que la chose est impraticable. De retour près de ses amis, elle soustrait une seconde

---

[1]. V. Brantôme (*Dames illustres*) au sujet du voyage de Marguerite en Espagne et de ses démarches pleines de cœur et de fine politique auprès de Charles-Quint, étonné de sa bravoure autant que de sa bonne grâce.
Par lettres patentes du mois de novembre 1525, c'était à elle que François Ier conférait la régence, au cas de mort de Louise de Savoie.

[2]. *In hac malorum procella.* (V. 1er vol. des *Lettres de Marguerite d'Angoulême, Pièces justificatives*, n° XII.)

fois Berquin aux poursuites reprises contre lui, et, grâce aux dispositions plus clémentes du roi, se hâte de rappeler autour d'elle ses chers proscrits. Clément Marot, détenu en 1526 comme suspect d'hérésie, est sauvé par la duchesse d'Alençon, et la remercie dans une épître en vers. Elle prend en main la cause d'Érasme, dénoncé aux sentences de la Sorbonne par Bedier. Louise de Savoie, envoyant au gibet l'honnête Semblançay, provoquant par ses persécutions la redoutable trahison du connétable de Bourbon, mettant le feu aux bûchers enfin, est le mauvais génie de François Ier, ce brillant, mais faible et égoïste Valois : Marguerite est le bon génie qui eût fait de lui un grand homme, s'il l'avait toujours écoutée.

Devenue reine de Navarre, elle ouvre le Béarn aux persécutés. Dominé, animé par elle, Henri d'Albret la seconde. Le supplice du malheureux Berquin, livré enfin au bûcher en 1529 [1], aurait pu la décourager complétement ; il ne fait que l'affliger. Le vieux Le Fèvre, après s'être dérobé au péril de retraite en retraite, se tenait coi dans sa place de bibliothécaire, à Blois, que Marguerite lui avait procurée. Dans l'automne de 1531, elle obtient le congé du *bonhomme Fabri*, qui en profite pour gagner Nérac, où il trouve un asile et une pension honorables. Calvin, forcé de s'enfuir de Paris, est caché par les soins de la reine de Navarre dans les environs de Mantes, avant d'être recueilli dans Angoulême par le

---

1. Érasme lui avait en vain conseillé de fuir ou de se taire. Marguerite, dans une lettre de 1526, remercie Anne de Montmorency de ce qu'il s'est employé « pour le povre Berquin, que *j'estime*, dit-elle, *aultant que si c'estoit moy mesmes*, et par cela pouvés vous dire que vous m'avez tirée de prison. »

chanoine du Tillet; d'Angoulême, il va la visiter en Béarn. Théodore de Bèze s'est souvenu, dans son histoire, des bienfaits et des efforts de Marguerite en un temps où commençaient « tous ces feux et bruslements » dont parle Brantôme, et il la montre comme « suscitée de Dieu pour rompre, autant que faire se pouvoit », tant de cruels desseins.

Cependant la lutte continue.

Guillaume Parvi, ou Petit, évêque de Senlis et confesseur du roi, publie en français les *Heures de la royne Marguerite*, où l'on remarque l'omission d'un certain nombre de prières en l'honneur de la Vierge et des saints. Gérard Roussel, qui, dépouillant l'habit de moine dominicain, était allé recueillir en Allemagne les paroles ardentes de Luther, prêche dans Paris sous les auspices de Marguerite. Il organise chez elle, en Béarn, des prêches, des lectures bibliques, même des représentations théâtrales pour l'édification des spectateurs et la critique de l'Église romaine. François Ier se fâche et gronde fort la reine de Navarre; elle lui répond en catholique, s'il faut en croire Florimond de Rémond; pourtant cette *messe à sept points* qu'elle lui proposa, dit-il, paraît bien sentir le fagot. D'ailleurs, François Ier lui accorde la liberté de Roussel, un moment inquiété, et lui-même semble être ébranlé. C'est alors, en 1533, que paraît la deuxième édition du *Miroir de l'âme pécheresse*, ouvrage ascétique de Marguerite, « en ryme françoise », où la Sorbonne flaire un détestable parfum d'hérésie. Le clergé ne se possède plus. La sœur du roi est insultée en chaire, jouée publiquement en *furie d'Enfer* par les professeurs et écoliers du collége de Navarre;

une commission de l'Université censure son livre. Le roi intervient pour exiger du recteur le désaveu de la commission et pour châtier les fanatiques acteurs.

Mais la visite du pape Clément VII, amenant à Marseille sa nièce Catherine de Médicis, fiancée au Dauphin, va raviver le feu des *bruslements*. L'évêque de Paris reçoit de François Ier des instructions formelles pour faire le procès aux coupables d'hérésie dans sa *bonne ville* de Paris. L'affaire des *placards* luthériens affichés dans les rues de cette ville et jusque dans le palais du roi, le 18 octobre 1534, précipite les choses : Marguerite ne peut détourner l'orage. Après la sinistre procession de 1535, dans laquelle le roi de France marcha derrière la Sorbonne et le clergé, le chef nu, portant une grande torche de cire, pour fêter avec pompe l'installation des potences et des bûchers où devaient périr six victimes, l'extermination des hérétiques sera prescrite par tout le royaume, et François Ier ne s'arrêtera plus dans cette voie sanglante.

En vain Marguerite lui persuadera d'écrire de sa main, avec l'évêque Du Bellay, au célèbre Mélanchthon, pour le prier de venir conférer avec les théologiens catholiques de Paris : l'électeur de Saxe empêchera, à bon escient, le réformateur de partir. Toute conciliation est dorénavant impossible. En effet, sourd à la voix des princes allemands ses alliés, François Ier multiplie les édits de proscription et les meurtres dévots. Ce n'est point assez de Berquin sacrifié, de Jean de Caturce, professeur de droit à l'école de Toulouse, jeté au feu en 1532, dans toute la force de la jeunesse. Les bourreaux ont leurs coudées franches. Les massacres de Cabrières et de Mérindol, et l'*auto-da-fé* de Meaux, où figurent quatorze potences, couronneront dignement cette série d'horreurs, auxquelles répond la publication du fameux livre de l'*Institution chrétienne*[1], par Calvin, dont Genève devient la citadelle, tandis qu'Érasme, le précurseur timide du mouvement protestant, meurt débordé par le flot de la Réformation, et que François Ier, débordé d'un autre côté, ne rougit pas de décréter, en 1535, la suppression de l'imprimerie !

Pour Marguerite, si l'on veut la suivre jusqu'au bout et savoir comment elle résiste au choc de tant d'événements, qu'on lise ses lettres : on l'y verra aidant toujours François Ier des conseils d'un esprit délié et d'un sens exquis; écrivant, courant de Valence au camp d'Avignon, de là en Picardie; conférant avec les capitaines, s'employant de mille façons au service de l'État, et, entre mille soucis politiques, intercédant encore (1537), avec les députés de Bâle, Berne et Strasbourg, qu'elle reçoit à Paris, pour les protestants emprisonnés. Ici, comme ailleurs, on la verra rencontrant l'opposition fanatique de l'ingrat et farouche Anne de Montmorency, bien digne du surnom de capitaine *brûle-bancs* : dès qu'il n'eut plus besoin de son appui, il tenta plusieurs fois d'exciter contre elle la colère du roi et de l'envelopper dans la proscription de ceux qu'elle avait osé défendre. Il faut reconnaître que François Ier refusa de prêter l'oreille aux accusateurs forcenés de Marguerite; c'est

---

[1]. La première édition latine de l'*Institution de la doctrine chrétienne* que l'on connaisse parut en 1536 (la dédicace au roi porte la date de 1535); la première version française est de 1540.

la seule créature pour qui ce triste cœur semble avoir eu quelque tendresse ; elle lui était aussi trop utile pour qu'il la sacrifiât. Il lui suffisait de la tyranniser et de marier par procuration la fille de la reine de Navarre au duc de Clèves, un de ses alliés, en s'abstenant de consulter les intérêts ou les désirs du père et de la mère.

Au milieu de ses chagrins, si l'âme de Marguerite avait pu nourrir un sentiment de vengeance, elle eût triomphé de la condamnation de l'odieux Noël Bedier, enfermé au Mont-Saint-Michel, où il mourut en 1537, et de la disgrâce du connétable de Montmorency, arrivée le jour des noces de Jeanne d'Albret, en 1540. Mais combien plus elle était affectée par tant de malheurs qu'elle eût voulu écarter, et quelle angoisse affreuse ne dut-elle pas ressentir lorsqu'on brûla en 1539, à Bourges, dans ses propres États, un de ses aumôniers, Jean Michel, qui revenait de l'exil! Obligée elle-même de se tenir en garde contre les fureurs du clergé, que pouvait-elle désormais? La pauvre femme penchait vers son déclin, et sa cour de Nérac, autrefois si brillante, n'était plus remplie que du souvenir des morts et des proscrits. Et pourtant, malgré de si chères espérances flétries, malgré la *lasseté* qu'elle laisse enfin paraître, elle n'abandonne pas ce frère qui ne cesse de la désoler. C'est dans un de ces fatigants voyages qu'en passant par Lyon elle rencontre, avec Étienne Dolet et Charles de Sainte-Marthe, Bonaventure des Périers qu'elle avait dû éloigner pour le soustraire aux coups de la Sorbonne. Malade, elle reçoit dans Nérac la visite de François Ier se préparant à châtier les Rochelois mutinés pour un droit de gabelle, et intercède en leur faveur. En 1544, allant rejoindre le roi, elle est fêtée en route par les gens d'Alençon, qui avaient gardé le souvenir de ses bienfaits. Partout, de France en Béarn, elle sème des charités et des grâces, assiste son frère malade en 1545, erre avec lui de château en château comme pour tromper le mal dont il est obsédé, voit sa fille au Plessis-lez-Tours et regagne son asile favori. Elle était bien affaiblie déjà ; la mort du roi, survenue le 31 mars 1547, et qui la surprit au monastère de Tusson, en Angoumois, acheva de la briser. Toutefois elle devait souffrir deux longues années encore, deux années de luttes domestiques et d'agonie morale, veuve inconsolable de ceux que sa grande âme avait le plus aimés, et frappée jusqu'au dernier jour par la main de ses proches.

Pour ne s'être pas lassée d'assister François Ier dans sa captivité, dans ses guerres, dans les traités de paix qu'il méditait; pour ne s'être pas détournée de lui, Marguerite n'en était pas moins sensible aux coups de la fatalité et aux souffrances que le roi lui infligeait luimême, tantôt proscrivant ses amis, tantôt lui dérobant sa fille, élevée loin d'elle comme un otage dans le château-prison de Plessis-lez-Tours. Aussi, abreuvée d'ennuis, atteinte par l'âge, contre lequel nul espoir, nul réconfort ne la prémunissait désormais, quand elle perdit avec François Ier un frère égoïste, mais aimé; quand, privée de tout appui solide et se traînant dans la solitude, elle put se répéter ces paroles de deuil :

Je n'ay plus ny Pere ny Mere,
Ny Seur, ny Frere[1],

---

[1]. *Marguerites de la Marguerite* (Chansons spirituelles).

la pauvre femme plia sous le faix. Marguerite n'exagérait pas, quand elle disait à son frère, en parlant de ses ennuis :

> *Mais s'il vous plaist y penser, mon seigneur,*
> *Vous trouvarez que assez m'en est venu,*
> *Trop suffisans pour tuer un bon cœur*[1].

C'est qu'en effet, en dehors des exigences tyranniques de François Ier, bien des chagrins lui vinrent de ceux qui lui étaient unis de plus près, justifiant ainsi ces vers que Marot lui adressait en 1536 :

> *O fleur que j'ay la premiere servie,*
> *Ceux que tu mis hors de peine asservie*
> *T'ont donné peine, helas ! non desservie;*
>   *Bien je le sçay !*

Femme du roi de Navarre, Marguerite dut supporter les infidélités et les emportements injustes de son mari, qui l'aurait maltraitée, s'il faut en croire Hilarion de Coste ; mère, elle dut subir l'indifférence, la froideur de Jeanne d'Albret, pour qui elle était presque une étrangère. La mésintelligence entre les deux époux alla très-loin, envenimée par les mauvais offices d'Anne de Montmorency, et le mariage de Jeanne d'Albret avec Antoine de Bourbon[2], que Marguerite n'approuvait pas, faillit deve-

---

1. V. Le Roux de Lincy, *oüvr. cit.* Appendice IV.
2. La première union de Jeanne avec le duc de Clèves, union contre laquelle Jeanne protesta publiquement, n'avait jamais

nir une cause de brouille complète, par suite des scènes pénibles qu'il amena. Henri II avait bien voulu continuer à sa tante la pension qu'elle tenait de François Ier; le connétable de Montmorency, rentré en faveur depuis la mort de François Ier, avait reçu de Marguerite une lettre belle et touchante, où, laissant de côté de trop justes griefs, elle lui remémorait avec une dignité sereine l'amitié qu'elle lui avait montrée : « Vous avez eu beaucoup d'amys, lui disait-elle, mais soubvenez-vous que vous n'avez eu qu'une mère [1]. » Il s'abstint de lui nuire en cette circonstance, et Marguerite, ou plutôt le peuple d'obligés qui vivait d'elle, obtint satisfaction. Mais, au lieu de se faire le *bâton de vieillesse* de sa bienfaitrice, le connétable, gorgé d'emplois, comblé d'honneurs, accepta, pour complaire au nouveau roi, le rôle infâme d'espion ; il reconnut le pardon et la confiance de Marguerite par une persécution ténébreuse qui devait avoir pour résultat de lui arracher le consentement qu'elle refusait aux projets du roi. Elle pleura, mais il fallut se soumettre. La célébration du mariage de Jeanne d'Albret eut lieu le 20 octobre 1548. Henri II parle fort dédaigneusement, dans une lettre au connétable, de l'attitude du roi de Navarre et des chagrins de « la bonne dame ». Les fêtes magnifiques qui avaient signalé auparavant le passage de la cour par Lyon n'avaient pas eu le pouvoir de distraire Marguerite : il n'existait plus de fêtes pour elle. Lyon la ramenait en arrière, vers des jours plus heureux, suivis

reçu d'accomplissement; et après la défection du duc de Clèves, en 1543, le pape ayant cassé les liens religieux, le mariage fut solennellement rompu.

1. *Lettres de la Reine de Navarre*, t. I (année 1547).

de tristes lendemains. Là, nul de ceux qu'elle avait connus ne vint la saluer au passage. Désormais le refrain qu'elle adoptera est *Douleur* :

> *Douleur n'y a qu'au temps de la misere*
> *Se recorder de l'heureux et prospere,*
> *Comme autrefoys en Dante j'ay trouvé,*
> *Mais le sçay mieulx pour avoir esprouvé*
> *Félicité et infortune austere*[1].

De retour en Béarn, la reine de Navarre mit ordre à ses affaires. Au commencement de l'année 1549 elle était au château de Pau et jouissait de la réception enthousiaste faite à Jeanne d'Albret par les gens du pays. Sa santé s'affaiblissant de plus en plus, elle abandonna l'administration de ses biens au roi de Navarre et ne s'occupa plus que de la mort, non pour la craindre, quoi qu'en ait dit Brantôme, mais pour l'invoquer. Elle ne demandait plus que du repos. « Seigneur », s'écrie-t-elle :

> *Essuyez des tristes yeux*
> *Le long gémir,*
> *Et me donnez pour le mieux*
> *Un doux dormir*[2].

Ce *doux dormir*, elle l'avait bien gagné, « celle qui, entourée de toutes les grandeurs, a dit d'elle-même qu'elle *avait porté plus que son faix de l'ennui commun à toute créature bien née* ; expression généreuse et mélan-

---

1. Bibl. de l'Arsenal, *Vers inédits de François Ier et de Marguerite*, passage reproduit par La Ferrière-Percy. (*Ouvr. cité.*)
2. *Les Marguerites de la Marguerite* (Chansons spirituelles).

colique qui seule suffirait pour attester quel sentiment cette âme à la fois élevée et tendre, cette *créature bien née* avait, sans regret de son rôle, emporté de l'expérience des hommes et des choses ¹. »

Marguerite d'Angoulême expira le 21 décembre 1549, au château d'Odos en Bigorre, dans le pays de Tarbes. On lui fit de pompeuses funérailles dans l'église de Lescar, où elle fut ensevelie. Henri d'Albret, en la perdant, sentit combien sa demeure allait être vide. Bien que l'instinct jaloux des natures médiocres, dominées par une nature d'élite, le rendît souvent brutal ou rude envers elle, « privé de sa Marguerite, » il la regretta amèrement. « Il n'avoit plus, dit Olhagaray, ceste ferme façon de vivre qu'il avoit » lorsqu'elle était là : l'intelligence, la douce raison qui le guidait et le soutenait, le bon génie était parti !

En 1550 paraissait à Paris un recueil de cent distiques latins ², composé par les trois sœurs Anne, Marguerite et Jane de Seymour, nièces de l'une des femmes de Henri VIII, qui avaient eu pour précepteur Nicolas Denisot, *Conte d'Alsinois* par anagramme, et admirateur passionné de Marguerite. Dans ce recueil, où tous chantent les louanges de la reine de Navarre, on remarque des pièces en grec et en latin de Dorat, de Jean Antoine de Baïf, de Pierre des Mireurs, de Denisot et de

---

1. V. E. Littré. *Revue des Deux-Mondes* (art. cité).

2 *Annæ, Margaritæ, Janæ sororum virginum heroidum Anglarum, in mortem Divæ Margaritæ Valesiæ, Navarrorum reginæ, Hecatodistichon. — Accessit Petri Mirarii ad easdem virgines Epistola, una cum doctorum aliquot virorum carminibus.* — Parisiis, ex officina Reginaldi Calderii et Claudii ejus filii, anno salutis 1550 (pet. in-8°).

Charles de Sainte-Marthe. Le bon Sainte-Marthe s'indigne du silence de certains poëtes : « Voilà six mois, dit-il à la France, que le sort t'a ravi cette Marguerite sans égale, ta gloire et ta lumière... Ils ont enseveli le corps et le nom tout ensemble, et entre tous ces poëtes que nourrit ton sol, pas un qui ait pieusement honoré son noble sépulcre. Ils l'élevaient jusqu'au ciel dans leurs éloges, ils l'admiraient, leur empressement savait prendre tant de formes, aussi longtemps qu'elle vécut! Elle est morte, et nulle mention d'elle; Macrin, Bourbon..., Saint-Gelais, Héroët, Salel..., tous dorment, tous sont muets [1]. »

Un an après la publication de l'*Hecatodistichon*, Dorat, Baïf, Denisot et quelques autres en donnaient, sous le titre de *Tombeau de la royne de Navarre*, la traduction en trois langues : grecque, italienne et française [2]. L'éloge de la reine était répété aussi en grec, en latin et en français dans nombre de pièces diverses de ces poëtes et d'autres beaux-esprits ou savants : Macrin, Bourbon, Claude d'Espence, théologien, Matthieu Pacus, jurisconsulte, les célèbres médecins Jean Tagaut et Jacques Goupil, J. Morel d'Embrun, enfin Ronsard, touchés

---

1. *Jam sextus prope mensis est... dormiuntque silentque.*

2. La traduction était accompagnée du texte dans ce volume, dont voici le titre complet : « *Le Tombeau de Marguerite de Valois, Royne de Navarre, faict premièrement en Disticques latins par les trois Sœurs Princesses en Angleterre. Depuis traduictz en grec, italien et françois par plusieurs des excellentz Poëtes de la France. Avecques plusieurs Odes, Hymnes, Cantiques, Epitaphes sur le mesme subject.* — A Paris. De l'imprimerie de Michel Fezandat et Robert Gran Jon au mont S. Hilaire à l'enseigne des Grands Jons, et au Palais, en la boutique de Vincent Sartenas. 1551. » (Pet in-8°.)

vraisemblablement par la véhémente apostrophe de Sainte-Marthe. Ainsi tous les écrivains fameux de l'époque se réunirent pour « collauder l'esprit de Marguerite », selon une expression de Jehan de Frotté, son fidèle serviteur, qui lui a rendu aussi un poétique hommage. Ce petit volume s'ouvre par une dédicace de Denisot à la nièce de la reine de Navarre, Marguerite, sœur unique du roi (Henri II); le *Conte d'Alsinois* y exalte « la seconde Marguerite, non moins noble que la première ». On sait, en effet, qu'avant de devenir la protectrice des lettres dans sa petite cour de Turin, comme notre Marguerite en France, cette princesse continua chez nous l'œuvre de sa tante, spécialement comme duchesse de Berry [1]. La pièce la plus importante du recueil est celle de Ronsard, qui, après s'être débattu en des strophes prétentieuses, surchargées d'une vaine mythologie, dans son *Hymne triumphal*, rencontra la grâce et l'inspiration dans sa charmante pastorale : *Aux cendres de Marguerite de Valois*. Voici quelques-uns des vers harmonieux qu'il laissa couler de sa plume :

> *Bien heureuse et chaste cendre*
> *Que la mort a fait descendre*
> *Dessous l'oubly du tombeau :*
> *Tombeau qui vrayment enserre*
> *Tout ce qu'avoit nostre terre*
> *D'honneur, de grâce et de beau...*
>
> *Il ne faut point qu'on te face*
> *Un sépulcre qui embrasse*

---

1. V. la *France protestante*, art. cit.

Mille termes en un rond :
Pompeux d'ouvrages antiques
Et de haux piliers doriques
Elevez à double front.

L'airain, le marbre et le cuyvre
Font tant seulement revivre
Ceulx qui meurent sans renom :
Et desquelz la sepulture
Presse soulz mesme closture
Le corps, la vie et le nom.

Mais toi, dont la renommée
Porte d'une aile animée
Par le monde tes valeurs,
Mieux que ces pointes superbes
Te plaisent les douces herbes,
Les fontaines et les fleurs.

Vous, pasteurs que la Garonne
D'un demy tour environne
Au milieu de vos prez vers,
Faictes sa tumbe nouvelle,
Et gravez l'herbe suz elle
Du long cercle de ces vers :

Icy la Royne sommeille
 Des Roynes la nonpareille
Qui si doucement chanta,
C'est la Royne Marguerite,
 La plus belle fleur d'eslite
Qu'onque l'Aurore enfanta.

Et, terminant cet hymme funèbre par une apostrophe, le poëte invoque la reine morte comme une Muse immortelle. Marguerite fut donc chantée une fois d'une façon charmante. Mais, quelque jolis que soient ces vers, la palme appartient à Charles de Sainte-Marthe pour avoir parlé avec le cœur et trouvé l'éloquence dans sa douleur même : « Combien, s'écriait-il, combien y a-t-il de veuves, combien d'affligés, combien de vieilles gens à qui elle donnoit pension tous les ans, aujourd'huy comme les brebis, mort leur pasteur, sont ça et là escartés, cherchent à qui se retirer, crient aux aureilles des gents de bien, et pleurent leur misérable fortune [1] ? »

Quelles étaient les habitudes et les mœurs de cette femme si rare, si universellement regrettée?

Trois demeures favorites se sont partagé la vie intime de Marguerite : le palais d'Alençon, où, jeune femme, elle revenait toujours comme vers une calme retraite, après ses apparitions à la cour de François Ier; les châteaux de Pau et de Nérac, où on la retrouve plus tard au sein d'une nature vigoureuse et tourmentée. Marguerite n'oublia jamais la bonne ville d'Alençon; elle y avait laissé une part de sa vie et de son cœur : « Elle vous aimoit parfaitement, ô Alençonnois, s'écrie Sainte-Marthe dans l'oraison funèbre de la reine de Navarre, et n'estoit moins soigneuse de vostre profit que du sien propre; elle avoit remis en pristine vertu vostre Parlement et Eschiquier; à l'ayde de Marguerite vous aviez recouvré la liberté qu'aviez perdue. » Mais l'imagination voit de

---

1. Oraison funèbre de la royne de Navarre. (Paris, 1550. — Publiée d'abord en latin sous ce titre : *In obitum Margaritæ, etc., Oratio funebris*, in-4º.)

préférence la reine de Navarre dans ce pays de Béarn qu'elle choisit pour y achever sa vie, transformant le vieux château de sa petite *capitale*, et y construisant de superbes terrasses pour admirer longuement les grands spectacles de cette nature qu'elle comprenait si bien !

Vous souvient-il du début de l'*Heptaméron* et des histoires contées dans « ce beau pré, le long de la rivière du Gave, où les arbres sont si foeillez que le soleil ne sçauroit percer l'ombre ni eschauffer la frescheur » ? C'est une réminiscence de quelque heureuse journée, précieusement recueillie dans la mémoire de Marguerite.

Qu'on se la figure contemplant, des hauteurs que recouvre la ville de Pau, les cimes des Pyrénées, et, des fenêtres du château qui domine le *Gave*, laissant errer ses yeux au loin dans la vallée ; ou, plus souvent encore, dans la vieille ville de Nérac, si pittoresque avec ses maisons de bois et ses rues grimpantes, promenant tour à tour sa mélancolie et son activité, descendant la ville en amphithéâtre pour suivre le cours de la *Baïse*, tantôt avec une compagne, tantôt avec quelques amis ; contemplant enfin longuement la rivière sinueuse et les coteaux qui la bordent, de l'endroit même où les beaux arbres de la *Garenne* ombrageront un jour les jeux de Henri IV enfant. Puis l'heure où le souci des affaires la ramène dans l'antique château d'Albret, détruit aujourd'hui ; elle passe comme une fée à travers les larges salles féodales, et va reprendre sa place accoutumée. C'est dans ce cadre austère et charmant, où elle se plaît, que Marguerite, vêtue d'une cotte noire et coiffée d'une cape à la béarnaise [1], nous apparaît au milieu de ses dames d'honneur et de sa petite cour d'amis, dont le cercle va se rétrécissant par l'effet des années et des persécutions. Là, ayant vaqué aux affaires urgentes et mis ordre à sa correspondance, elle manie l'aiguille, travaille à quelque ouvrage de tapisserie ou de broderie, cause avec les uns de littérature, avec les autres de religion et de philosophie, avec chacun de ce qu'il sait, fait transcrire par un secrétaire habile une gracieuse poésie, et invente pour tel bijou (où elle sera gravée selon la mode du temps) quelque subtile devise [2]. Puis elle s'occupe d'entretiens et de récits qui rempliront un jour les pages de l'*Heptaméron*, comme on sait qu'elle s'en occupait même en voyage, dictant dans sa litière, à la sénéchale de Poitou, grand'mère de Brantôme, ce qui lui venait à l'imagination : tant sa nature active avait de ressources et de goût pour les choses de l'esprit ! Elle encourage la conversation dans ces veillées où, tour à tour, ses hôtes apportent leur écot par un badinage, une anecdote piquante, une chanson qu'ils accompagnent avec le *luc* ou la *guiterne*; elle a le mot preste, l'air avenant;

---

1. Elle avait adopté le noir depuis la mort de son fils Jean; quant au costume fort simple qu'elle portait, les indications du manuscrit de la *Coche*, cité plus haut, et les portraits qui nous sont restés d'elle, permettent qu'on s'en rende compte. (V. chez Le Roux de Lincy, ouvr cit. : *Append.*, le relevé de ces portraits. — En tête du 1er volume est la reproduction d'un *crayon* représentant Marguerite, âgée d'environ cinquante ans, avec un petit chien dans ses bras.)

2 C'était elle qui avait composé les devises des bijoux que la comtesse de Châteaubriant tenait de François Ier et que, dans sa disgrâce, ayant reçu l'ordre de les rendre, la fière maîtresse renvoya fondus en lingot (Brantôme, *Dames galantes*).

l'affabilité de son abord tempère la majesté de sa démarche et de sa prestance. Marguerite conserva tard, nous dit-on, la fraîcheur de son teint, et bien qu'elle eût les traits un peu forts, le nez et la bouche un peu grands (elle ressemblait beaucoup à son frère), elle conserva aussi ce charme qui séduit plus que la beauté même. Un *crayon* nous la montre âgée de cinquante-deux ans et ravissante encore d'expression avec son doux visage attristé et méditatif. C'est bien la femme que Brantôme, délicat par hasard, met en scène d'une si heureuse façon dans le récit des amours de son frère, le capitaine de Bourdeille, avec Mlle de la Roche; il faut lire dans les *Dames galantes* cette poétique entrevue sur une tombe, et la touchante apostrophe de la reine au jeune homme[1].

Mais qu'on ne se représente pas la reine de Navarre tranquille dans son palais, sans autres ennuis que ceux qui viennent du regret des choses passées. Vieillie par mille douleurs qui avaient leur source dans les espérances mainte fois trompées, dans les élans mainte fois refoulés d'une âme généreuse, elle devait cependant pourvoir à tout. Henri d'Albret, dont elle endurait les infidélités et les violences, lui cédait volontiers la plus lourde part du fardeau commun et l'honneur de la lutte. Elle était la *reine* et le *roi* de Navarre; d'Alençon, de Bourges, de toutes parts on s'adressait à elle. « Elle trouvait, dit M. de La Ferrière-Percy, le moyen de secourir dans sa détresse sa belle-sœur, Isabeau d'Albret, mariée à M. de Rohan; de fournir aux dépenses... de la maison de Jeanne d'Albret...

---

1. Brantôme, *Dames galantes*, cinquième discours.

Il fallait encore trouver de l'argent pour les dispendieux voyages nécessités par l'éloignement de sa fille et par les exigences de François Ier, qui fréquemment l'appelait auprès de lui; il fallait défrayer, payer ces nombreux messagers qui allaient et revenaient sans cesse du Béarn à la cour et au Plessis-lez-Tours; faire la part des pauvres, celle des couvents, celle des hospices fondés et soutenus par son inépuisable charité. »

Cependant les ressources de Marguerite n'étaient pas en rapport avec les charges qui lui incombaient. Sa maison l'obligeait à de grandes dépenses; comme sœur du roi de France, elle ne pouvait se dispenser d'entretenir un personnel considérable; comme femme du roi de Navarre, elle n'était pas tenue à moins : sa bienfaisance et le désir de pensionner des gens dignes d'intérêt et dénués de ressources faisait le reste. De là le nombre des dames d'honneur, des aumôniers et des valets de chambre qu'on remarque sur la liste de ses serviteurs, humble nom qui fut la sauvegarde de plus d'un. Marguerite en fut quelquefois réduite à emprunter à ses dames d'honneur. Lorsque François Ier fut mort, inquiète et ne sachant si la rente de 25,000 livres que lui faisait le roi lui serait continuée, elle dut s'imposer la plus stricte économie. Presque tout ce qu'elle dépensait profitant aux autres, elle ne put, en cette extrémité, que redoubler de sévérité pour elle-même; quant aux pauvres, Sainte-Marthe dit qu'ils n'y perdirent rien : Marguerite voulait bien s'infliger des privations, laisser à l'abandon le mobilier de Nérac, bref, rogner sur tout... excepté sur la part des pauvres et des serviteurs envers qui elle se croyait engagée.

Si personne ne s'est avisé de contester ce grand cœur et ce dévouement infatigable de Marguerite d'Angoulême aux époques les plus critiques de son existence, les mœurs de la femme se sont trouvées en présence des témérités du roman et de l'histoire, ou de la critique paradoxale. Je passe sous silence les pauvretés et les ignorances du roman, qui ont excité la verve caustique de M. Génin. Mais je dois rappeler que M. Génin lui-même, comme MM. Le Roux de Lincy, Haag, de La Ferrière-Percy, que Bayle enfin et tous les contemporains de Marguerite ont rendu justice aux mœurs pures de cette princesse, trop souvent confondue par les romanciers avec la seconde Marguerite, la *sœur Margot* de Charles IX. M. de La Ferrière-Percy la définit très-bien « une vraie doctrinaire d'amour platonique »; il lui applique ce qu'elle avait dit elle-même de l'honneur des femmes dans l'*Heptaméron* : *Doulceur, patience et chasteté,* et il cite fort à propos ce vers de Marot, un des prétendus amants qu'elle aurait eus, au dire des fantaisistes :

En chasteté elle excède Lucrèce.

Elle ne fut, comme on l'a parfois avancé légèrement, ni la maîtresse du connétable de Bourbon qui brigua en vain l'honneur de l'épouser, ni celle de Marot, qui connaissait bien ce *nenny avec un doux sourire* où tout va se briser, ni celle de Bonnivet, qu'elle repoussa comme on sait et dont elle raconta depuis la déconvenue sous le couvert d'une nouvelle de l'*Heptaméron* (la IVe). M. Génin rapporte qu'ayant dépouillé tous les textes, il trouva « que tous les écrivains graves avaient honoré la mémoire de la reine de Navarre ». Ces écrivains graves, qui sont-ils ? Bayle, de Thou, Sainte-Marthe, le cardinal du Bellay ; ajoutez aux précédents Érasme qui, louant dans une lettre la force d'âme, la philosophie, les vertus diverses de Marguerite, n'oublie pas la *chasteté*. Pourquoi donc certains critiques, tout en refusant de voir en elle « une femme adultère » et « une veuve débauchée », lui donnent-ils, sous prétexte « d'imagination libertine », le nom de « coquette aux lèvres faciles[1] » ? Elle était femme, elle inspirait de vives passions et s'interdisait d'y répondre : de là ces plaintes de poëtes sur les faveurs, incomplètes à leur gré, qu'ils nomment des *faveurs aigre-douces*. Mais ils ne s'expriment pas toujours avec cet accent dépité, et Jacques Peletier peint dignement ces *divines amitiés* conçues par les poëtes pour leur protectrice :

> *Leur désir vers toi les envoie,*
> *Ta douceur leur ouvre la voie,*
> *Ta majesté leur fait sentir*
> *Un feu vif dedans leur poitrine.*

Cette douceur et cette majesté, objet respecté de si *divines amitiés*, comment ne voit-on pas qu'il est puéril de les transformer en moyens de coquette ? On ne reconnaît pas Célimène dans ce « regard chaste où n'habite nul vice », dans ce « rond parler, sans fard, sans artifice, si beau, si bon[2]... » que célèbre encore Marot

---

1. V. C. d'Héricault (*Notice sur Marguerite d'Angoulême.* — Collection des Poëtes français publ. par Crépet).
2. V. *Epistre (inédite) de Marot* (en tête du 1er vol. des *Lettres* publ. par Génin).

chez sa *sœur d'alliance*, et ce n'est point d'une Célimène qu'il eût dit :

> *Ma maistresse est de si haulte valeur*
> *Qu'elle a le corps droit, beau, chaste et pudique.*
> *Son cœur constant n'est, pour heur ou malheur,*
> *Jamais trop gay ne trop mélancolique.*

Et il résume ce portrait par un vers charmant, qui nous montre en elle :

> *Corps féminin, cœur d'homme et teste d'ange*[1].

Les poëtes qui approchèrent, comme Marot, Bonaventure et quelques autres, de la personne de Marguerite, ont employé pour la louer le style figuré des poëtes de tous les temps ; ils ont parlé surtout en hommes du XVIe siècle, usant de cette familiarité courtoise qu'avait introduite alors, entre gens de condition différente, la communauté souvent très-étroite des goûts, des études, et des idées.

Il serait inutile d'insister davantage là-dessus et de pousser plus loin l'examen des mœurs intimes de Marguerite d'Angoulême, si, par un chemin détourné, quelques critiques ne les avaient de nouveau attaquées et dénoncées, abandonnant la thèse désormais ruinée des amours faciles de la reine de Navarre, pour lui attribuer une passion coupable et, tranchons le mot, incestueuse, qui aurait consumé sa vie, et par laquelle on prétendrait expliquer son agonie douloureuse. C'est M. Génin qui,

---

1. V. Génin, *Notice sur Marguerite d'Angoulême* (1er vol. des *Lettres* publ. par Génin), p. 7-9.

après avoir d'abord victorieusement défendu la réputation générale de Marguerite[1], s'est mis en tête d'incriminer les sentiments de la sœur pour le frère, de la reine de Navarre pour François Iᵉʳ[2] : tristes conjectures qui ont excité et comme piqué au jeu l'esprit paradoxal de M. Michelet. Tandis que M. Génin accuse la sœur de ressentir un amour honteux, M. Michelet transforme la lettre de Marguerite, analysée par M. Génin, en arme offensive contre François Iᵉʳ, et imagine un drame à deux personnages entre celui-ci et celle-là, où l'une figure comme victime de l'autre. M. Henri Martin, indécis en face de ces hypothèses, se contente de dire que si une pensée coupable se fit jour, elle ne vint certainement pas de Marguerite. N'allons pas si vite ; cette pensée qu'on discute si délibérément, où la prend-on ? Dans un billet *non signé*, publié pour la première fois par M. Génin, dont le style embrouillé se retrouve ailleurs, sans mystère, et dont le sens est resté vague, malgré toute sorte de gloses et de commentaires subtils. Au reste, il suffit de rappeler les arguments plus que médiocres produits par M. Génin dans le débat. Suivant lui, puisque le rondeau qui termine la lettre est d'un style pitoyable, il date évidemment des premières années de mariage de Marguerite : donc elle était alors

---

[1]. Il lui applique cependant fort mal un passage de Brantôme cité dans les *Rodomontades espagnoles* (t. XII, p. 117. 1740, in-18), où il est dit, en parlant des *termes* italiens et espagnols jetés dans la conversation (et non de *pratiques galantes*, comme le comprend M. Génin), qu'elle « en savoit plus que son pain quotidien ».

[2]. *Nouvelles Lettres de la reine de Navarre*, 1842 (Supplément à la première Notice).

unie au duc d'Alençon! Puisque Briçonnet a reçu d'elle une lettre où se trouvait la formule *pis que morte* employée dans la lettre à François Ier, cette lettre est du temps où la princesse correspondait avec l'évêque de Meaux... Voilà pour l'époque! Ensuite, puisque les termes de la lettre sont obscurs, ils ne peuvent être que suspects, et puisque Marguerite recommande au roi le secret et le prie de jeter son billet au feu, c'est qu'elle n'a pas la conscience nette : le critique n'admet aucun autre motif de conduite, aucun autre sujet de crainte... Voilà pour le fond du procès! Toute l'argumentation est de cette force. Notez que la recommandation de jeter une lettre au feu existe en d'autres parties de la correspondance de Marguerite éditée par M. Génin, et cela pour cause d'intérêts majeurs relatifs soit aux affaires publiques, soit aux affaires privées de la reine de Navarre[1]. Notez, en outre, que le langage de celle-ci est parfois un peu alambiqué, et qu'elle use de formules excessives, en s'adressant du reste ouvertement aux uns et aux autres. Sans doute, ce vers d'un rondeau cité par M. Le Roux de Lincy[2] :

Ce n'est qu'un cueur, ung vouloir, ung penser.

serait la vraie devise de Marguerite s'identifiant avec son frère d'une façon passionnée; sans doute elle parle de se dévouer pour lui « jusqu'à jeter au vent la cendre de ses os ». Mais la travestir en *sœur de René* au moyen de quel-

---

1. Dans une lettre au connétable de Montmorency, relative à des affaires privées, elle dit : « *P. S.* Je vous prie voir ce que j'escrips au Roy, et, s'il vous semble bon, la luy bailler ou faire bailler, ou la brusler. Je remets tout à vous. » (1er vol. des *Lettres.* — Janvier 1538.)
2. Ouvr. cit. : *Appendice*, IV.

ques équivoques et de quelques suppositions gratuites, c'est trop accorder aux caprices et aux aberrations du paradoxe, c'est aller trop directement contre la réalité des faits, contre le témoignage unanime des contemporains. Quand on ose publier une telle découverte, il faut en fournir des preuves irrécusables : la démonstration doit être éclatante ou elle est nulle, puisqu'elle va se heurter, dans le cas dont il s'agit, aux affirmations contraires de tous ceux qui ont eu qualité pour apprécier les mœurs de la personne, et aux indications, aux renseignements intimes qui résultent de l'étude du caractère, manifesté par des actes et reflété en des œuvres multiples. Comment s'expliquer la coexistence, dans la personne de Marguerite, d'une soupirante de ce genre avec la femme digne et chaste que tout nous révèle ? Si le zèle de Marguerite pour les intérêts de François Ier la compromet tellement aux yeux de certains juges; si c'est l'empressement qu'elle montre, dès qu'il est question de le satisfaire en quelque chose et d'accourir auprès de lui ; si c'est enfin la tendresse même de son langage qu'on incrimine, quelle vertu ne serait contestée, niée à outrance, flétrie, avec un système de cette sorte ? Quelle pauvre idée aurions-nous donc, en somme, de la nature humaine, s'il suffisait que le plus naturel des sentiments, que l'affection fraternelle, par exemple, dépassât le niveau commun pour éveiller en nous les défiances de je ne sais quelle pudeur ou quelle malignité maladive ? Au surplus, on est heureux d'opposer aux allégations d'une fantaisie déplorable les démentis raisonnés de MM. Haag, Le Roux de Lincy, Dargaud, de La Ferrière-Percy et Louis de Loménie, qui ont su restituer la vraie physio-

nomie de la reine de Navarre. M. Génin, convaincu
d'erreur par M. Lutteroth, qui le combattit dès le début
dans le journal le Semeur, s'est désavoué en essayant une
justification maladroite[1]. La cause est donc entendue, et
le débat est clos; il importe néanmoins de protester une
dernière fois très-expressément contre une erreur que
l'ignorance et la légèreté ont trop facilement accueillie.
Disons simplement que Marguerite aima François Ier
plus qu'il ne méritait d'être aimé, ne craignant ni peine, ni
fatigue, ni déplacements pour le servir. Les contemporains ont parlé de l'espèce de *trinité* que formaient Louise
de Savoie et ses deux enfants, unis par une étroite affection; lorsque Louise de Savoie ne fut plus, la sœur re-
doubla de tendresse pour ce frère en qui elle revoyait
tout le passé, comme il est facile de s'en assurer par les
poésies qui nous restent d'elle. La captivité de François Ier lui arrache des cris éloquents; elle se plaint
d'être éloignée de lui dans les *Épitres* qu'elle lui adresse
au début des années 1537, 1543, 1544, 1545, 1546.
Elle célèbre la beauté et la grâce de l'homme[2], en qui

---

1. Il est prouvé aujourd'hui que ce billet, qui fait partie
d'un recueil dont pas une lettre ne remonte au delà de 1525, se
rapporte au voyage de Marguerite en Espagne Après l'avoir isolé
des autres pour en torturer le sens, Génin, serré de près par ses
adversaires, finit par avouer que ses explications n'étaient que
des *conjectures* et qu'il avait voulu ainsi « protéger Marguerite
contre l'art des commentateurs, de transformer la pensée d'un
écrivain *en isolant ses mots et ses phrases* ». (Le Semeur, t. XI,
n° 18, 4 mai 1842.)

2.   *De sa beauté il est blanc et vermeil,*
    Les cheveux bruns, de grande et belle taille, etc.

(LA COCHE.)

elle admire un gentilhomme accompli, suivant les idées du temps, et fait même allusion aux amours de ce *roi gentilhomme;* nos mœurs s'étonnent de cela, mais ce qu'on appelait alors galanterie était considéré comme une qualité dont on se faisait honneur. Marguerite, pour qui François I*er* était à la fois le roi et le chef de la famille, Marguerite qui ne cessa jamais de croire aux apparences chevaleresques de François I*er*, malgré tant d'illusions déçues, et qui eut toujours pour lui l'indulgence des natures dévouées, ne pouvait guère être impartiale à son égard et le condamner quand tous l'exaltaient à l'envi. La franchise même des éloges qu'elle lui donne pour avoir « aymé si fort, si bien et tant »[1], ce culte, ces effusions auxquelles, dans une correspondance où interviennent les affaires d'État, les intérêts de famille et mille choses diverses, elle s'abandonne librement : tout témoigne de son caractère droit et de sa conscience tranquille. Que dire encore? Si Marguerite eut l'occasion d'être plus d'une fois l'inspiratrice et la bonne conseillère de François I*er*, si elle obtint de lui quelques heureuses concessions, ce fut en gardant les ménagements d'une affection à toute épreuve. Le jugement sévère de l'histoire ne pouvait pas être alors celui d'une femme, d'une sœur qui luttait, espérait et savait gré au roi de ce qu'il lui accordait, en se l'exagérant naïvement. Enfin, elle ne séparait pas le *roi* du *royaume*[2].

Lui, de son côté, poétisait aussi et répondait en vers;

---

1. *La Coche.*
2. « Sauvez, Seigneur, Royaume et Roy! » (V. *Chansons spirituelles,* première pièce.)

mais il n'avait que le brillant de l'esprit, et le cœur lui manqua toujours, comme la pensée qui marque un siècle de son empreinte.

Je n'ai pas dessein de retracer ici, dans un raccourci forcé, le tableau de ce grand mouvement des lettres, des idées et des arts, qui, sous le nom de Renaissance, transfigura l'Europe et régénéra le monde. On sait de reste ce qu'enfanta la combinaison de ces trois éléments : l'invention de l'imprimerie, l'invasion pacifique des savants grecs chassés de Constantinople, et l'esprit d'initiative qui, au sortir des gênes du moyen âge, suscita des légions d'enthousiastes et d'artistes. Car, chose digne de notre admiration la plus vive, cette *Renaissance*, si *phrasière* au dire de certains cuistres, fut créatrice en tout.

Si parfois, alors, on exalta l'antiquité sans mesure ; si les lettrés qui n'étaient que *lettrés* l'adorèrent follement ; s'il y eut des querelles entre cicéroniens et anticicéroniens, et si les noms d'Érasme, de Scaliger et de Dolet s'y trouvèrent mêlés, cependant, au contact de deux civilisations ressuscitées dans leurs œuvres, les esprits supérieurs reçurent un choc décisif. Un monde nouveau s'ouvrit pour eux. Les maîtres de Rome et d'Athènes apparurent à ces hommes dans leur beauté, dans leur simplicité et dans leur profondeur. Forts de ce qu'ils avaient derrière eux, voyant un tel vide comblé dans le passé, ils sentirent ce qu'ils pouvaient faire, et comment, de leur travail ajouté au travail de tant de fermes génies, devait naître une légion de vérités. La fantasmagorie du moyen âge commença de s'évanouir, et, au lieu d'enchaîner les idées, la grande antiquité les anima d'un souffle sublime.

Pour se faire une juste idée de l'enthousiasme universel et irrésistible qui saisit les générations nouvelles, à l'aspect des richesses antiques rendues inopinément au commerce intellectuel du genre humain, qu'on se reporte à la fameuse lettre de Gargantua à Pantagruel, célébrant l'âge héroïque de la *presse*[1].

Mais ces héros de l'intelligence, comment les nommer tous, même en courant : écrivains, hommes de science, professeurs, typographes de premier ordre, français ou étrangers ? Pour rester dans le cadre de ce travail, je ne veux que citer les noms de quelques femmes ; car, dans cette mêlée poudreuse et ardente, elles ne craignirent pas de se risquer dès le début[2].

Que d'exemples de femmes distinguées, non pas simplement par le goût de la poésie, comme Pernette de Guillet, Louise Labbé, Clémence de Bourges, Jacqueline de Stuard, Claudine et Sibylle Scève, chantées par Marot, mais par leur culture littéraire et même par une érudition réelle ! On peut nommer ici les trois sœurs Anne, Marguerite et Jane de Seymour, élèves du poëte Denisot ; Madeleine et Catherine des Roches, de Poitiers, dont le savoir et la facilité admirables ont mérité les éloges de Scévole de Sainte-Marthe, ainsi que la femme et les trois filles de Jean Morel de Grigny, expertes dans la langue et la poésie grecques.

Puis ce sont, parmi les princesses, Renée de France, qui, non contente d'attirer à sa cour l'éloquence, la philosophie et la science, sous leurs formes les plus hardies,

---

1. V. Rabelais, liv. II, chap. viii.
2. Rabelais, *ibid.* : « Que diray-je ? Les femmes et filles ont aspiré à ceste louange et manne celeste de bonne doctrine. »

dans la personne d'une Olimpia Morata, d'un Lilio Giraldi, et d'un Celio Calcagnini, apprit elle-même le grec et le latin, l'histoire et les mathématiques ; Marie Stuart qui, au témoignage de Brantôme, « estant en l'âge de treize à quatorze ans..., déclama devant le roy Henri, la reyne et toute la cour, publiquement, en la salle du Louvre, une oraison en latin qu'elle avoit faicte, soutenant et défendant contre l'opinion commune qu'il estoit bien séant aux femmes de sçavoir les lettres et les arts libéraux. » Élisabeth d'Angleterre et notre Marguerite couronnent dignement cette liste.

Comprenons bien le sentiment de ces maîtres de la *Renaissance*, suivis dans leur essor par l'enthousiasme féminin. Ils avaient devant les yeux, entre les mains, des chefs-d'œuvre subitement recouvrés après un long oubli, et l'ère nouvelle qui s'annonçait leur paraissait un retour magique vers des splendeurs perdues ; ils en rapportèrent aux anciens, d'une voix unanime, tout l'honneur et tout le mérite. C'était là une vue exagérée, si l'on veut, mais non fausse. L'antiquité n'avait-elle pas introduit la lumière, n'avait-elle pas ouvert les portes de l'Église, du cloître, de toutes les bastilles malsaines du moyen âge ? L'esprit du moyen âge avait en quelque sorte vécu dans une crypte ; mais les lueurs qui passaient par des interstices oubliés lui rappelaient le jour et excitaient en lui le désir de remonter vers la lumière. Après tant d'efforts infructueux, il sortit enfin de sa prison, trouva l'imprimerie ; puis, armé de cette force sans précédents jusque-là, il recueillit l'héritage des anciens et fit un pas immense ! Ou plutôt, désormais, l'esprit du moyen âge n'exista plus ; un autre esprit lui avait succédé pour changer la face du monde. Aussi n'est-ce, à l'origine, qu'une foi et qu'un cri chez les novateurs ; tous, ils vont à l'encontre des préjugés barbares ; tous, ils marchent vers une terre inconnue, et à l'envi ils se répètent avec le poëte : *Arva, beata petamus arva*. Tout ce qui pensait alors pensait ainsi. La Renaissance et la Réforme n'eurent tout d'abord qu'un drapeau. Ce premier *protestantisme*, qui n'était que la révolte de la nature méconnue contre le double despotisme d'une foi intolérante et d'une ignorance dogmatique, rallia tous les cœurs, tous les esprits indépendants. Plus tard seulement des différences s'accusèrent, des conflits eurent lieu, et de la sphère morale où elles étaient nées les dissidences passèrent dans le monde des faits pour allumer des haines ou des antipathies réciproques, et opérer définitivement la séparation de l'élément humain et de l'élément divin, de la philosophie rationnelle et de la théologie. Mais, dans le principe, disons-le encore, tous s'unirent, s'entr'aidèrent et firent preuve de mutuelles sympathies. Voilà qui peut nous expliquer le personnage de Marguerite, un des plus complexes de cette époque si complexe. Si l'on veut bien saisir le caractère et le rôle de la reine de Navarre, on ne saurait la détacher de ce tourbillon dans lequel se confondent la Renaissance et la Réforme.

Il ne lui suffit pas d'avoir ses idées *in petto* et de jouir royalement des chefs-d'œuvre de tous les arts créés ou renouvelés.

Ce n'est pas assez pour elle de se mêler aux fêtes éblouissantes de la Renaissance française, fêtes des yeux et de l'esprit dont l'Italie a donné le signal.

Ce n'est pas assez de se transporter dans l'officine de Robert Estienne, où tous, hommes, femmes, enfants, valets, parlaient latin usuellement; de faire visite au Primatice dont le génie, comme celui de Nicolo dell'Abbate, du Rosso et de Léonard de Vinci, honorait alors la France; de défendre Benvenuto Cellini contre la duchesse d'Étampes, comme il l'atteste dans ses mémoires; de pensionner le Bolonais Sébastien Serlio, chargé des travaux de Fontainebleau; d'inscrire sur l'état de sa maison le peintre Corneille, vanté par Brantôme, et le grand portraitiste Clouet; de commander à Jehan Vinderne, tailleur de camaïeux, à Henri Leboug et à Guillaume Hérondelle, orfèvres, de véritables chefs-d'œuvre : coupes, salières, émaux, chaînes et pendants merveilleusement travaillés; où, rivalisant avec les *brodéresses* de Paris, Renée Serpe et Jehanne Chaudière, qui lui envoient leurs tableaux à l'aiguille, d'achever elle-même, entre ses femmes et ses poëtes, de belles et riches tapisseries! Non, tout cela ne suffit pas encore au zèle de notre Marguerite. Elle agit pour ses chers lettrés, elle agit pour les lettres en général.

Au-dessus des poëtes contemporains, de Mellin de Saint-Gelais, qui emprunte à l'Italie le sonnet et le madrigal, de Maurice Scève, l'auteur de la *Délie*, de Barthélemy Aneau, qui traduit l'*Utopie* de Morus, de Hugues Salel qui versifie en français le début de l'*Iliade*, de Pierre Boaistuau (dit Launay), qui publiera le premier les nouvelles de l'*Heptaméron*, et de Jean Dorat, le maître de Ronsard, s'élève sans conteste le nom de Clément Marot. Ce n'est pas lui qui se loue le moins des bons offices de Marguerite. En 1518 il entre au service de la duchesse d'Alençon ; valet de chambre du roi après son père, Jean Marot, il l'accompagne en Italie, est blessé à Pavie et fait prisonnier avec lui. De retour en France, et arrêté pour cause d'hérésie, il doit sa liberté à l'intercession de Marguerite. On le voit tour à tour à la cour de Béarn et à la cour de France ; obligé de fuir après l'affaire des *placards*, il gagne d'abord le Béarn, ensuite Ferrare. Éconduit par le duc d'Este, — mal disposé pour les proscrits si généreusement accueillis par sa femme, — il se rend à Venise, d'où il repart en 1536 pour la France, Marguerite et les amis du poëte ayant obtenu sa grâce. Compromis de nouveau par sa traduction des Psaumes, que les protestants avaient adoptée, il reprend en 1543 le chemin de l'exil et va terminer à Turin, en 1544, une vie sans cesse entremêlée de plaisirs et de chagrins. Renée de France, qui lui offrit un asile, et Marguerite d'Angoulême n'ont pas été oubliées par le poëte : leurs noms sont pieusement enchâssés dans ses vers, qui gardent la mémoire du *noble cœur de Renée* et des rares qualités de la sœur de François I*er*.

Notons, en passant, que celle-ci avait fondé en 1533, à Essai, dans l'ancien château de plaisance des ducs d'Alençon, une maison de filles pénitentes, et qu'une fille naturelle de Marot y fut admise comme religieuse, avec une petite pension de la princesse.

Ce qu'elle donne en appui, on le lui rend en hommages. Tandis que les uns la chantent ou chantent auprès d'elle et pour elle, Antoine Le Maçon lui offre sa version de Boccace ; Jean Bouchet, son *Laby-*

rinthe de fortune; Vatable, ses *Commentaires sur la Bible;* Antoine Du Moulin, son édition des œuvres de Bonaventure Des Périers. Rabelais, enfin, au frontispice du *tiers livre* de son hardi roman satirique, déclarant ouvertement son nom pour la première fois, au lendemain du supplice de son ami Estienne Dolet, invoque dans un *dizain* célèbre la sympathie de la reine pour les « faicts joyeux du bon Pantagruel ». Ainsi se rattache au nom de la reine de Navarre celui de cet écrivain de génie, de ce philosophe étrange et *sui generis,* abondant en pensées de toute sorte, et souvent profondes, sur l'éducation, l'usage des langues, l'histoire, la politique, l'économie sociale même, dont il ne prononce pas le nom, mais qu'il devine; homme extraordinaire tenant école de vérités pour tout le monde, aussi bien pour la postérité que pour son temps. — Ainsi derrière Marguerite se presse, avec ses chefs, une armée infinie de lettrés et d'écrivains, lancés dans la carrière désormais ouverte aux intelligences courageuses, et répétant le cri d'Estienne Dolet : « C'est assez vescu en ténèbres ! »

Dans tous les sens, le mouvement se communique et s'accélère. Autour des figures principales se groupent des personnages plus modestes, mais dignes d'intérêt et dont plusieurs réclament ici une mention.

Marguerite eut pour valets de chambre d'autres hommes de mérite que Marot : J. de La Haye, qui publia les *Marguerites de la Marguerite;* Antoine du Moulin, auteur et traducteur, qui édita les œuvres de Marot comme celles de Des Périers; Claude Gruget, qui donna en 1559 la seconde édition de l'*Heptaméron.* Et, pour le dire en passant, ces valets de chambre *écrivains* ne doivent pas être confondus avec les *valets de chambre* véritables, tapissiers, tailleurs, brodeurs, etc., qui formaient la domesticité de Marguerite. Il ne s'agissait, dans le premier cas, que d'un titre protecteur et de fonctions toutes fictives derrière lesquelles on aperçoit une collaboration ou des services littéraires. Au nombre des familiers de la reine, se trouvent Nicolas Denisot et Jacques Peletier, du Mans, qui avec Bonaventure essayèrent d'introduire dans la poésie française le vers métrique des anciens; Denisot, réputé bon poëte, s'occupait aussi de gravure et de peinture. Victor Brodeau, émule et ami de Marot, fut secrétaire et contrôleur général des finances de la reine de Navarre; Jehan de Frotté, qui lui succéda en cette charge, était lui-même auteur de quelques jolis vers. Nicolas Bourbon, poëte latin renommé et d'un rare savoir, est mentionné dans le registre de Frotté avec le titre de *pédagogue*; Marguerite lui avait confié l'éducation de sa fille Jeanne.

Bonaventure Des Périers surtout, valet de chambre *secrétaire*[1] de la reine de Navarre, n'était pas un homme ordinaire. Grammairien et lettré autant que poëte, il fut, avec Le Fèvre et Calvin, le collaborateur d'Olivetan pour la première traduction imprimée de la Bible en langue française d'après le texte hébreu, traduction fameuse qui sortit en 1535 des presses de Pierre de Wingle, célèbre typographe de Neufchâtel, et pour les frais de laquelle les Vaudois avaient fourni une collecte de 1,500 écus

---

1. Il entra au service de la reine vers 1532; chargé de transcrire et de corriger les œuvres de celle-ci, il y participa dans une certaine mesure, et l'on pense qu'il n'est pas resté étranger à la rédaction des nouvelles de l'*Heptaméron*.

d'or. Bonaventure fraya dans Lyon, cette capitale de la Renaissance française, où il put échapper aux rigueurs qui suivirent de près l'affaire des *placards*, avec tous ces beaux esprits, tous ces lettrés de séjour ou de passage, parmi lesquels on remarque Jean de Goutes, le premier traducteur de l'Arioste, l'imprimeur Jean de Tournes et Antoine Du Moulin. Associé aux travaux d'Estienne Dolet, qu'il aida puissamment dans ses *Commentarii linguæ latinæ*, zélé défenseur de Marot absent et en butte aux lâches attaques du poëte Sagon, ce Bonaventure traité de si haut par M. Génin, ce poëte délicat et oublié, ce spirituel auteur des *Nouvelles récréations et joyeux devis*, est resté célèbre pour avoir écrit le *Cymbalum mundi*, livre sceptique et satirique de la famille de *Pantagruel*, qui parut en 1537 et fut brûlé par la main du bourreau. Singulièrement compromis, Des Périers dut s'estimer heureux de gagner Lyon et de s'y tenir caché en évitant pis, grâce aux bons offices de Marguerite. Recommandé par elle à Jean de Lorraine, abbé de Notre-Dame de l'île Barbe ; secouru à plusieurs reprises, soit directement par la reine de Navarre (lorsqu'elle traversa Lyon en 1541), soit par l'intermédiaire d'une de ses dames d'honneur [1], le pauvre poëte, avant de se tuer dans un accès de délire (s'il faut admettre la tradition), avait légué par son dernier *vœu* à sa protectrice tout ce qu'il laissait de prose et de vers, l'appelant jusqu'au bout « le vray appuy et entretenement des vertus ». Ainsi Estienne Dolet l'invoquait encore du fond de sa derniere prison ; mais, si celle

1. Mlle de Saint-Pather, nommée dans les *Adieu des dames de la Royne de Navarre*, correspondait avec lui.

qu'il nommait en latin l'amie et la patronne des gens doctes, *d'elle-même leur portant secours autant qu'il était en elle*, ne put sauver jusqu'à la fin tous les siens, elle eut la gloire de susciter et la consolation de soutenir des institutions fécondes.

Sous son patronage, l'université de Bourges devient un des foyers de lumière les plus éclatants. Là, le célèbre jurisconsulte Alciat, banni de l'Italie, s'attaquant à la glose de Bartole et autres *vieux mâtins* raillés par Rabelais, inaugure l'enseignement du droit civil dans la chaire qu'illustrera ensuite le hardi Breton Duaren, élève de Budé; là, professe vers 1532 le savant Melchior Wolmar, venu d'Allemagne et choisi par la reine de Navarre pour enseigner le grec et le latin : il comptera pour amis Le Fèvre, Gérard Roussel, Robert Olivetan, Dolet, Marot, Rabelais, pour élèves favoris Calvin et Théodore de Bèze. Parmi les pensionnaires entretenus aux frais de Marguerite dans l'université de Bourges il faut nommer Claude Baduel, que lui avait adressé Mélancthon, et Amyot, une de nos gloires littéraires. Il est inutile de rappeler ici l'histoire des commencements d'Amyot; disons seulement que, muni du titre de maître ès arts, il s'était rendu à Bourges pour y étudier le droit civil, et que par le crédit de la princesse il y obtint la chaire de latin et de grec. Marguerite put lire avant de s'éteindre les premières œuvres du savant et naïf écrivain; pendant les dix ou douze années qu'il occupa cette chaire, et qu'il estime les plus heureuses de sa vie, il écrivit la traduction du roman d'Héliodore, *Théagène et Chariclée*, tant goûté de Racine écolier, et mit en français quelques *Vies des hommes illustres* de Plutarque. Quant au disciple de Mélanchthon, il était nommé régent de l'université de Nîmes par les soins de Marguerite, et celle-ci, après avoir écrit aux consuls de la ville en faveur de Claude Baduel, sollicitait l'évêque de Rodez, en 1541, de doter la jeune université créée par François Ier en 1539[1].

Celui-ci fonde-t-il le collége de France sous le nom de *Collége des trois langues*, pour l'enseignement du latin, du grec et de l'hébreu, sa sœur est derrière lui qui, de concert avec Érasme, Budé, Guillaume Parvi, Pierre du Chatel, le conseille et l'encourage. Si le roi, malgré les attaques de la Sorbonne appuyée par le parlement, confirme cette institution projetée dès 1518 et 1517; si les mathématiques, la médecine et la philosophie s'ajoutent aux matières de l'enseignement primitif; si en 1545 le nombre des chaires s'est élevé de *trois* jusqu'à *onze*, et si aux professeurs Vatable, Paul Paradis et Guidacerio sont venus se joindre un Pierre Danès, un Jacques Toussain, un Adrien Turnèbe, un Guillaume Postel, un Vicomercato, au nom de l'érudition et des lettres, — un Oronce Finé, un Vidus Vidius et un Jacques Dubois, au nom de la science, pour répandre généreusement les lumières de l'Italie et de la France, il faut voir là surtout la main de Marguerite. Le roi, de lui-même, est plus vaniteux que désireux de bien faire; l'insouciance est chez lui plus forte que la bonne volonté. Discourir, en tenant table, avec Pierre du Chatel et autres doctes personnages, « de toutes matières, comme parle Brantôme, autant de guerre que des sciences hautes et basses »; visiter les travaux du Primatice et l'atelier de

---

1. Voy. H. de la Ferrière-Percy, ouvr. cit., Appendice.

Benvenuto Cellini en compagnie de sa *mignonne*, bâtir des palais sans compter, Fontainebleau, Saint-Germain, Folembray, Chambord, voilà ce qu'aime François Ier. Mais s'agit-il de choisir les hommes éminents qui devront occuper les chaires du collége royal, ou bien d'apprécier la valeur de Guillaume Postel, par exemple, linguiste consommé dans la connaissance des idiomes orientaux. c'est Marguerite qui guide son frère et qui juge. Elle est là quand François Ier reçoit en audience publique Postel, au retour de ses voyages; elle veut le pensionner elle-même. C'est le roi qui est le bras; c'est Marguerite qui est l'âme.

Achevons maintenant de pénétrer son caractère, en essayant de déterminer quelle fut, dans ses actes, la part de ses tendances religieuses, et comment ces tendances se reflètent dans ses œuvres. Le second point sera traité plus loin; quant au premier, voici le témoignage des faits.

Qu'on examine la lettre de Marguerite à *Messieurs de l'Église de Bourges*, pour les féliciter de leur zèle au service divin, et pour les prier « d'y vouloir continuer *de bien en mieulx*, ensemble d'avoir la *doctrine évangélique* en singulière recommandation ». Et qu'on fasse attention aussi que le personnage par qui elle se trouvait informée de la bonne conduite des gens de Bourges était justement ce *maistre Michel*, aumônier de la reine de Navarre, brûlé plus tard comme hérétique[2].

Que l'on consulte ensuite Florimond de Rémond, disant qu'elle n'eut rien tant à cœur pendant une dizaine

---

1. V. H de La Ferrière-Percy, Appendice.

d'années (il eût pu en compter davantage) que de faire
« évader ceux que le roy vouloit mettre aux rigueurs de
justice »; et que « souvent elle luy en parloit et à petits
coups taschoit d'enfoncer dans son âme quelque pitié de
Luther ». Qu'on pèse, dans un autre camp, le témoignage
de Calvin, si roide et si dur, même pour les amis de
Marguerite; de Calvin lui écrivant dans une lettre du
28 avril 1545 : « Je cognois les dons que Nostre-Seigneur
a mis en vous, et comment il s'est servy de vous et vous
a employée pour l'advancement de son règne. » Après
quoi il termine en l'exhortant à ne point se laisser per-
suader par ceux qui « l'enflambent » contre lui, et à servir Jésus-Christ et l'*Église de Dieu*, « comme vous
avez faict, dit-il, *jusques à ceste heure.* »

Qu'on pèse tout cela, et on aura de quoi apprécier
le caractère et les opinions de la duchesse d'Alençon
ou de la reine de Navarre. Elle est tout entière dans
cette sollicitude pour l'émancipation de la conscience,
pour la défense de la libre pensée et des libres penseurs
en souffrance ou en péril : tâche d'autant plus méritoire
et difficile, que si Marguerite appartenait de cœur aux
principes de la Réforme, les réformateurs ne lui donnaient guère plus que leurs adversaires l'exemple de la
mansuétude. Elle cherchait en effet sa voie un peu partout, chez Luther, chez Calvin, chez Roussel; mais elle
n'était, en somme, d'aucune église particulière : c'est là,
il me semble, qu'est le secret de cette nature extraordinaire; c'est là qu'il faut le chercher. Elle fut, suivant le
jugement excellent de M. Littré, « tolérante en matière de religion dans un temps où il n'y avait pas de to-
lérance. » Et comme elle pensait, elle agit.

g

Charles de Sainte-Marthe, suspect de luthéranisme et sauvé à grand'peine des flammes de Grenoble, trouve un asile dans Alençon, grâce à Marguerite, qui lui procure la charge de lieutenant criminel, apparemment pour mieux écarter de lui tout danger; aussi que de cœur il mettra dans l'éloge funèbre de sa bienfaitrice !

Après avoir tiré plusieurs fois Gérard Roussel des griffes de la Sorbonne, et lui avoir donné, du consentement de François Ier, l'abbaye de Clairac, elle le couvre du titre d'évêque d'Oloron. Non contente de le défendre contre la Sorbonne, elle lui garde sa protection malgré le blâme farouche de Calvin, qui, dans une lettre violente écrite de Ferrare, accusait l'ancien disciple de Le Fèvre d'Étaples d'avoir déserté l'Église du Christ par l'acceptation d'un bénéfice. Éloignée de tous les fanatismes, elle soutient deux *libertins*, c'est-à-dire, en langage moderne, deux libres penseurs, Quintin et Poque, traités avec une égale dureté et poursuivis de la même haine dans les deux camps. En vain le dictateur de Genève, recueilli par elle autrefois, lui reproche de leur donner asile; qu'elle partage ou non leurs idées personnelles, elle persiste à les secourir; elle se plaint qu'on ose maltraiter des gens qu'elle protége et nourrit, et si l'on consulte l'état de sa maison dressé en 1548, on y rencontrera le nom de Me *Antoine Poque*, maintenu sur la liste des aumôniers de la reine de Navarre.

André Mélanchthon, neveu de Philippe Mélanchthon, l'illustre réformateur, ayant été mis en prison pour crime d'hérésie, elle le fait délivrer par le parlement de Bordeaux. Elle entretenait aux écoles d'Allemagne nombre de protestants, et secourait les réfugiés à Strasbourg et à Genève : « C'est là, dit Florimond de Rémond, où elle envoya aux doctes en une seule fois quatre mille francs d'aumosne. »

Marguerite d'Angoulême patronna donc les partisans de la Réforme, tantôt ouvertement et le front levé, tantôt en se cachant sous le coup d'une nécessité impérieuse, mais elle les patronna *sciemment.* Elle ne s'en détourna pas, même lorsqu'ils furent devenus très-hardis, même après l'affaire des *Placards* et la publication de l'*Institution chrétienne*[1]. Et n'était-ce point assez de la persécution de Meaux, du supplice de Berquin et des cris de la Sorbonne pour l'avertir de bonne heure, si elle eût agi autrement que de propos délibéré ? Jouée au collége de Navarre ; déclarée, par un cordelier prêchant à Issoudun, en présence du peuple, digne d'être jetée à l'eau dans un sac ; dénoncée lâchement au roi par Anne de Montmorency ; en butte aux attaques furieuses de l'évêque Erard de Grossoles ; exposée aux poisons préparés par de pieuses mains[2], elle demeura

---

1. Le huitain cité par M. Le Roux de Lincy dans son premier appendice (XI), où elle dit :

*Je cherche aultant la croix et la desire
Comme autreffoys je l'ay vollu fouyr.
. . . .
Dont tous les biens qu'au monde puis avoir
Quiter je veulx, la croix me doibt souffire.*

ne prouve pas que Marguerite ait désavoué la Réforme ; c'est simplement de la tristesse et de l'humilité chrétienne.

2. Erard de Grossoles, évêque de Condom, ayant prêché contre Marguerite et contre François Ier, celui-ci intervint et l'exila à Blois ; mais on tenta d'empoisonner la princesse : il

fidèle à sa tâche, sortant par là des bornes d'une générosité ordinaire et facile. Quand Marguerite dote les hôpitaux d'Alençon et de Mortagne, quand elle crée à Paris l'hospice des *Enfants-Rouges* pour les orphelins; bref, quand elle multiplie les aumônes et les fondations, elle obéit à la pente d'une bonté naturelle qu'il faut louer, mais que d'autres ont égalée. C'est en revenant à la charge auprès de François Ier ou en tentant d'agir elle-même en faveur des opprimés, malgré des obstacles parfois insurmontables, avec une force et une douceur obstinées, qu'elle s'est élevée à une hauteur exceptionnelle. « Et si Marguerite leur eût manqué, qui donc en France eût osé appuyer Lefebvre, Roussel, Marot, Desperriers, Berquin, Dolet, Du Moulin, Postel et tant d'autres? Et plût à Dieu qu'en les défendant à ses propres périls elle eût réussi à les sauver tous du bûcher [1]. »

Il est certain qu'elle était retirée au monastère de Tusson, quand la nouvelle de la mort de François Ier lui arriva; qu'elle y passa le premier temps de son deuil, qu'elle y revint plus tard, et qu'elle mourut dans les pratiques de la religion catholique. Mais cela ne peut avoir pour effet de changer le caractère ni les actes de toute une existence si pleine.

Après tant de pertes cruelles, après le sombre déclin et la mort de François Ier, lorsque la solitude se faisait autour de la pauvre femme, quoi d'étonnant dans ces souvenirs d'enfance qui l'obsédaient? Qu'elle ait dis-

---

fallut dépêcher deux commissaires royaux en Béarn, pour faire une enquête.

1. Génin, Notice cit.

paru au milieu de ces pratiques dominantes, sous l'œil d'un confesseur qui remplaçait auprès d'elle tous les grands esprits qu'elle avait aimés, c'est l'histoire de son agonie et non pas de sa vie.

Le meilleur jugement qu'on ait porté de Marguerite sur ce point est renfermé dans quelques lignes de Bayle. Étonné de voir dans une femme pareille hauteur d'esprit, le sagace critique laisse paraître l'admiration la plus franche pour des qualités si rares de toute façon et encore plus caractéristiques chez « une princesse comme celle-ci, qui avoit été élevée dans la communion de Rome, où l'on ne parloit depuis plusieurs siècles que de bûchers et que de potences contre les errans. Les préjugez de famille fortifioient puissamment tous les obstacles que l'éducation mettoit au-devant de cette princesse, car elle aimoit uniquement le roi, son frère, persécuteur implacable de ceux qu'on nommoit hérétiques, gens qu'il faisoit brûler sans miséricorde partout où la vigilance infatigable des mouchards les déterroit. » — « Je ne sçaurois concevoir, dit-il encore, par quelles routes cette reine de Navarre s'éleva à un si haut point d'équité et de raison : ce ne fut point par l'indifférence de religion, puisqu'il est certain qu'elle eut beaucoup de piété et qu'elle étudioit la sainte Écriture avec une application singulière. Il fallut donc que la beauté de son génie et la grandeur de son âme lui découvrissent un chemin que presque personne ne connoît. » Ce chemin était celui de la liberté de conscience et de la liberté de penser, frayé hardiment par elle au milieu de tant de passions contraires et acharnées.

Si l'on compare notre *Marguerite des princesses* avec

les femmes du même temps et du même rang, n'admirerat-on pas comme Bayle la rare beauté de son génie et de son âme? Rappelons-nous ces âges de débauche et de meurtres, les excès divers d'une Louise de Savoie, d'une Catherine de Médicis, d'une Marie Stuart, et plus tard d'une autre Marguerite de Navarre ; n'oublions jamais que Marguerite d'Angoulême chez nous, l'héroïque Renée de France dans Ferrare, ont pris en main la cause de la conscience ; que toutes deux ont aimé, honoré, protégé ceux contre qui les bûchers étaient allumés de toutes parts; que la sœur de François Ier eut tout le cœur, toute la hauteur d'esprit qu'il n'eut pas. Marguerite et Renée ont fait œuvre virile. La meilleure part toutefois revient à la première, parce qu'elle fut plus encore que la seconde « le soutien et appuy des bonnes lettres, la défense, refuge et réconfort des personnes désolées. » On ne peut disconvenir qu'elle eut en outre plus de largeur dans l'esprit et qu'il lui fut donné de jouer un rôle considérable. Je ne pense pas qu'Élisabeth d'Angleterre, en entravant Philippe II, ait fait plus que Marguerite en patronnant et en disputant au supplice beaucoup d'hommes éminents dont les efforts ont permis que l'idée moderne prît l'essor en enrichissant notre langue. Le génie de l'écrivain fût-il contesté ou contestable, le grand cœur de Marguerite la préserverait de l'oubli ou du dédain. Elle justifia pleinement par sa vie cet emblème favori, ce *souci* tourné vers le soleil, avec la devise qu'elle s'était choisie : *Non inferiora secutus*.

II

Mais la noble princesse fut encore un poëte et un conteur de talent; elle eut de son temps, à bon droit, une grande réputation aussi bien qu'une grande influence littéraire. Fidèle aux vieux poëtes gaulois, si, par certains côtés, elle continua l'école de Louis XII, elle eut plus de science que ses devanciers, moins de simplicité souvent, mais en revanche plus de noblesse dans le langage, plus d'élévation dans la pensée et un souffle poétique inconnu de Marot. Par ses défauts comme par ses qualités, par les contrastes qui s'allient en elle, Marguerite résume en quelque sorte l'époque intermédiaire où elle vécut. Si elle ignore les élégances de la nouvelle école dont Joachim Du Bellay sera le porte-drapeau, Ronsard le chef, et dont le premier éclat coïncidera avec ses funérailles, elle possède des qualités de sentiment, de passion et de vigueur où n'atteignit jamais l'école marotique. Après le père de *Pantagruel*, Marguerite nous semble occuper la première place entre les écrivains de cet âge; comme lui, sur bien des points, elle devance et dépasse son siècle. Qui donc pourrait opposer un bagage comparable à l'*Heptaméron*, aux *Lettres* et aux *Marguerites* réunis?

Je ne puis mieux faire que de renvoyer le lecteur aux études détaillées de MM. Le Roux de Lincy et L. de Loménie sur les récits de l'*Heptaméron*, de MM. Génin et Littré sur les *Lettres* de la reine de Navarre. Tout est dit à cet égard, ou peu s'en faut.

Le caractère, le style et le fond de ces contes, qui nous offrent presque tous un tableau des mœurs de la cour de France et de la haute société sous Louis XI, Charles VIII, Louis XII et François Ier; la part qu'on doit y faire à l'histoire et au roman; l'entente de la mise en scène et l'esprit qui s'y révèlent, tout cela est aujourd'hui en pleine lumière.

Quant aux *Lettres*, hormis celles de la correspondance avec l'évêque Briçonnet (qui d'ailleurs n'ont pas été publiées et qui sont un vrai fatras[1]), elles vont souvent de pair, pour les qualités du style, avec l'*Heptaméron*. Elles montrent la tournure familière de cet esprit si souple et les ressources de la langue qu'employait Marguerite dans le train de la vie pratique, lorsque, sortant de l'*abstraction*, du *ravissement* et de l'*extase* mystiques rappelées par le dizain de Rabelais, elle donnait sa véritable mesure par la justesse et la saine activité des idées, par la netteté de l'expression, élégante ou simple, abondante ou précise, selon la circonstance, et quelquefois, dans les lettres intimes, par une mélancolie affectueuse, par une grâce venue du cœur. A cette correspondance, qui comprend, avec mille détails privés, bien des renseignements relatifs aux guerres d'Italie ou au tra-

---

1. Cette correspondance et l'état de mysticisme intense qui en résulta ne forment qu'un incident dans la vie de Marguerite. Elle en retint pourtant, comme le remarque la *France protestante*, le goût de la lecture et des citations perpétuelles de la Bible, que lui avait inculqué Briçonnet, ainsi que l'attestent ses nombreuses *poésies spirituelles*, et spécialement le *Miroir de l'âme pécheresse*.

vail du protestantisme en France, il n'est que juste d'ajouter, fût-ce à titre de simple document, les poésies de Marguerite, si négligées depuis trois siècles. La *liste chronologique* de celles qui ont un caractère *historique*, dressée par M. Le Roux de Lincy [1], indique assez quel parti l'on peut tirer de ces pièces. Une partie de la liste est fournie par les poésies *inédites*, mais les *Marguerites* y contribuent pour une bonne part, comme on verra plus loin.

Toutefois les poésies de Marguerite d'Angoulême ne constituent pas seulement un document précieux pour l'histoire des mœurs, des croyances et des faits contemporains, comme pour l'histoire de la langue; elles nous offrent en outre un monument littéraire d'une sérieuse valeur. Si le souffle de Marguerite y est fort inégal; si l'auteur y versifie parfois plus ou moins longuement une donnée qui le laisse froid; si les vers médiocres n'y manquent pas; enfin si l'inspiration s'y trouve gâtée par la subtilité de certaines dissertations amoureuses ou par un jargon dévot qui se ressent trop de la correspondance avec Briçonnet, toujours est-il que l'on voit briller là un *génie* poétique très-réel et très-original. Les vers tendres, énergiques ou naïfs, dont l'accent frappe l'esprit et va au cœur, y sont en bon nombre; on pourrait citer des pièces entières qui sont de petits chefs-d'œuvre de grâce et de sensibilité.

Les poésies inédites publiées ou indiquées par M. Le Roux de Lincy dans son édition de l'*Heptaméron*, ou reproduites précédemment par M. Champollion-Figeac, renferment des beautés que je me contente de signaler ici [2]. Deux poésies amoureuses surtout, données par

---

1. V.: Le Roux de Lincy (ouvr. cit. *Append.* IV). — 2. Cham—

M. Le Roux de Lincy, se distinguent par une telle éloquence d'expression et par de si admirables mouvements, qu'il faut aller jusqu'aux temps modernes, jusqu'aux maîtres de la grande poésie lyrique pour trouver aussi bien. En attendant que toutes ces poésies aient pu être rassemblées et placées sous les yeux du public[1], je veux dire quelques mots des principales pièces du recueil des *Marguerites de la Marguerite*.

Je me renfermerais à cet égard dans une réserve absolue s'il s'agissait de la réédition d'une œuvre universellement connue, comme tel de nos chefs-d'œuvre classiques. Mais une œuvre frappée d'un si long oubli et de jugements si tranchants réclame quelques mots d'examen.

M. Génin dit du *Miroir de l'âme pécheresse*, « qu'on y chercherait en vain une lueur de talent. » Il se contente de mentionner comme « plus importantes » les autres pièces dévotes, telles que le *Triomphe de l'Agneau* et la *Complainte pour un détenu prisonnier*. Il signale d'un mot le sentiment touchant des *Epîtres*, ne parle pas du mérite des *Comédies* et *Farces* dont le *sérieux* seul paraît le frapper. Pour les pièces de vers profanes, sans en faire

---

pollion-Figeac : *Poésies de François Ier, de Louise de Savoie et de Marguerite de Valois*, citées plus haut, p. vij ; et *Documents relatifs à la captivité du roi François Ier* (Imprim. roy., 1847, in-4°). V. encore deux *Epîtres*, plus deux ou trois autres morceaux, dans les pièces justificatives du recueil des *Lettres* de M Génin.

1. Les manuscrits de la Bibliothèque nationale et de l'Arsenal contiennent de véritables richesses qui fourniraient la matière d'une très-belle publication. Le manuscrit 2286 (suppl. franç.) de la Bibliothèque nationale forme un très-beau volume qui passe pour être de la main d'un des secrétaires de la reine de Navarre.

beaucoup plus de cas, il y trouve quelque intérêt et quelques jolis passages; mais de poésie, peu ou point. Dans les vers de la reine de Navarre, « il ne faut guère chercher, dit-il, d'autre mérite que celui de la rime. » Cependant, ajoute le critique : « en général, les *idées* y sont arrangées avec un certain soin. » C'est tout; et comme il ajoute que les poésies *inédites* « sont absolument du ton et du style de celles qu'on connaît déjà », il est permis de conclure que, pour M. Génin, le *mérite poétique* de Marguerite est nul.

M. d'Héricault[1], comme s'il oubliait le reste par gageure, semble ne plus voir en elle que ce goût de *quintessence* et d'*abstraction*, auquel tout nous prouve qu'elle était loin de se livrer exclusivement. Il suffit de voir combien la reine de Navarre se plaisait dans sa retraite de Nérac, dans ses jardins de Pau, embellis avec amour, sur ses belles terrasses au pied des Pyrénées; il suffit même de relire le prologue de l'*Heptaméron*, pour juger si elle avait des yeux fermés aux beautés de la nature. Il suffit de se rappeler combien elle fut toujours curieuse des chefs-d'œuvre artistiques pour juger si les merveilles de cet ordre furent lettre close pour elle. Néanmoins, selon M. d'Héricault, « le monde extérieur, *à ne consulter que ses poésies*, ne lui parlait pas. » Grave défaut pour un poëte, ou plutôt négation même de la poésie!

Un autre[2], en reconnaissant le tour fin et délicat, en glorifiant surtout, plus que personne, l'admirable sensibi-

---

1. *Notice cit.*
2. Victor Luro: *Marguerite d'Angoulême... et la Renaissance*, étude historique et littéraire en trois conférences. — Paris, Michel Lévy, 1866. 1 vol. in-18.

lité, l'émotion communicative qui anime certaines poésies intimes de Marguerite, ne laisse pas de lui refuser l'*originalité* et la *force* du langage.

Ainsi donc elle aurait écrit, versifié, épanché son cœur sans aucun souci littéraire. De la facilité, de la sincérité, du sentiment, mais point d'*art*, point de *coloris*, point de *relief;* en dehors des poésies intimes, absence complète de *souffle poétique;* et, sauf quelques réserves pour la *Coche*, médiocrité parfaite.

M. Le Roux de Lincy, admirateur si convaincu des poésies restées *inédites*, qui sont, dit-il, « le plus beau fleuron de la couronne poétique de notre princesse, » (et je le crois avec lui), est dur pour les *Marguerites*. Les poésies qu'il signale si particulièrement sont des poésies d'amour pour la plupart. Ce qu'il préfère dans le recueil imprimé, ce sont les poésies profanes : l'*Histoire des Satyres et des Nymphes de Diane*, la *Coche*, etc., où la galanterie est en jeu, et les pièces *comiques* auxquelles il paraît avoir accordé une attention spéciale. Pour lui, le *Miroir* n'est qu'un fatras ; dans le *Triomphe de l'Agneau* et autres poëmes spirituels, il trouve moins d'obscurité, mais « ni plus de poésie ni moins d'ennui ».

M. Sainte-Beuve, en mettant Marguerite, pour le mérite poétique, fort au-dessus de son frère, ne semble guère lui accorder qu'une « certaine élévation de pensée ».

Le dernier de ses biographes, M. Imbert de Saint-Amand[1], dans son étude, si intéressante d'ailleurs, n'es-

---

1. *Marguerite, sœur de François Ier*, dans le vol. intit. : *Les Femmes de la cour des derniers Valois*. Amyot, 1871.

time que ses poésies *intimes*. C'est bien ; mais ce n'est point assez.

Il était donc nécessaire de prémunir le lecteur contre ce *préjugé* persistant, et d'insister un peu, tant sur les parties les plus maltraitées que sur les plus remarquables de ce recueil. Laissant donc ici de côté les poésies galantes, généralement mieux appréciées, ou les petites pièces de peu de valeur, je répondrai aux allégations de toute sorte qui précèdent, par quelques citations des *poëmes religieux*, des *comédies* et des *poésies domestiques*. Il ne s'agit point d'entamer une discussion critique, mais d'apporter des *preuves* contre des affirmations *inexactes* provenant d'un manque d'attention formel ; et c'est là un point qui rentre essentiellement dans le sujet de cette notice. Je me borne au strict nécessaire, renvoyant le lecteur au texte pour le surplus.

Le *Miroir de l'âme pécheresse*, la première œuvre poétique de Marguerite, est la moins forte, selon nous, mais non la moins curieuse. Ce poëme et les trois morceaux qui suivent : le *Discord de l'esprit et de la chair*, l'*Oraison de l'âme fidèle*, l'*Oraison à Jésus-Christ*, se distinguent par un style étrangement quintessencié et pénible, qui se ressent des leçons extravagantes de Briçonnet. Bien qu'on y trouve des passages pleins de fraîcheur et de charme, et quelques tirades éloquentes, le *Miroir* tire sa véritable valeur de l'importance qu'il eut à l'époque de son apparition en 1531, et plus encore en 1533, lorsqu'il reparut avec des additions et des corrections de l'auteur. Sous ce titre, reçu depuis longtemps dans le langage de la dévotion, Marguerite jetait en pleine mêlée théologique un poëme très-hardi pour le temps, qui fut aussitôt taxé d'hérésie, et conquit la plus grande popularité parmi les dissidents[1]. Dire que c'est un chaos inintelligible aujourd'hui, c'est forcer la mesure : on peut en juger aisément le caractère général, si l'on n'en saisit pas toutes les allusions. Comme les protestants, Marguerite y fait un ample usage du texte des *Ecritures* : Moïse, le Cantique des cantiques, les Prophètes, le Nouveau Testament. Théodor de Bèze, cité avec raison par Bayle (car c'est l'impression des anciens lecteurs qui importe surtout ici), remarque dans son *Histoire ecclésiastique* qu'il y avait « plusieurs traits non accoustumés en l'Eglise romaine »; que l'on n'y parlait ni des saints, comme intercesseurs auprès de Dieu, ni du Purgatoire, et que la prière « ordinairement appelée *Salve Regina* y estoit appliquée en françois à la personne de Jésus-Christ[2]. » Tout cela emportait alors de fort grosses conséquences : faire du Christ et des Ecritures son guide et sa règle *avant tout*, c'était chose grave en face de la Sorbonne : aussi fit-elle rage. Ce *Miroir* est donc un témoignage authentique des croyances de la reine de Navarre, *en ce temps-là* : il a la valeur d'une confession doctrinale. Dans plus d'un endroit l'inspiration de l'auteur l'entraîne en des colloques avec Dieu, où surgissent des doutes inattendus. Marguerite s'accuse d'avoir été impie, incrédule, d'avoir eu la tentation d'interpeller son Dieu ainsi :

---

1. La fameuse Elisabeth d'Angleterre en fit paraître une traduction anglaise (V. ci-après). Déjà la mère de Henri VII, Marguerite de Richemont, avait traduit le *Miroir d'or de l'âme pécheresse*, imprimé à Paris en 1484.
2. V. not. à la fin du vol. et ce passage de l'*Heptaméron*

> *Vous nous faites de mal faire defense,*
> Et pareil mal faites sans conscience [1].
> *Vons defendez de tuer, à chacun ;*
> *Mais vous tuez sans espargner aucun*
> *De vingt trois mil que vous feistes defaire.*

Elle s'accuse d'avoir eu le nom de Jésus « quasi en hayne et fascherie », de s'être moquée de la parole divine :

> *Las, tous ces motz ne voulois escouter.*
> *Mais encore je venois à douter*
> *Si c'estoit vous, ou si par adventure*
> *Ce n'estoit rien qu'une simple escriture.*

Elle se repent ; mais un esprit où de pareilles questions se posaient d'elles-mêmes n'était pas fort sûr de ses croyances. Dans les derniers vers du *Miroir*, on voit Marguerite, après avoir en vain consulté saint Paul, essayant de se consoler du caractère *incompréhensible* des jugements de Dieu avec ce « tres grand don de Foy, dont tel bien vient »

> *Que posseder fait ce que l'on ne tient* [2].

(prologue), retranché dans les anc. édit. : « Non qu'elle (la dame Oisille) fust si supersticieuse qu'elle pensast que la glorieuse Vierge laissast le dextre de son filz, où elle est assise, pour demorer en la terre deserte, *mais seulement pour envye de veoir le devot lieu dont elle avoit tant oy parler.* » (Il s'agit d'un couvent placé sous l'invocation de *Notre-Dame de Serrance*.)

1. Nous indiquons par des caractères romains les vers les plus caractéristiques.
2. Exode, 32 (*Note de Marguerite*).

Marguerite d'Angoulême, durant le cours de sa vi
tourmentée, eut toujours, en dehors du catholicisme
comme de tout protestantisme défini, de ces échappées
ingénues de scepticisme qui étonnaient les deux partis en
présence. Les protestants, qui voyaient en elle une alliée
contre leur ennemi commun, s'en effarouchèrent pourtant quelquefois, et les susceptibilités de Calvin, touchant la protection accordée par elle à des *libertins* ou
libres penseurs tels que Poque, dénotent une certaine
défiance à cet égard. Cela n'empêchait pas les accès
de mysticisme, grâce à l'imagination et à la tendresse
exaltée de cette nature si profondément féminine malgré
des qualités viriles.

Le *Triomphe de l'Agneau* est la plus importante des
œuvres de la reine de Navarre, dans cet ordre d'idées,
et s'élève bien au-dessus du *Miroir* par le souffle, l'éner-
gie et la largeur de la forme.

Le véritable sujet de ce poëme est l'affranchissement
du monde moral. Éludant le dogme de la chute origi-
nelle, ce que Marguerite saisit de préférence dans le
christianisme, c'est le dogme de la *rédemption*. Le Christ
lui apparaît spécialement comme le bon génie de l'humanité, venant la racheter du mal et des ténèbres, de la ter-
reur sacerdotale, de cette *loi* complice du *péché*, de cette
mort qui symbolise pour elle la barbarie, l'ignorance, la
servitude intellectuelle. Sous le voile des termes consa-
crés, la délivrance du genre humain, asservi jusqu'alors
à un joug écrasant, y est célébrée avec une hauteur de
pensées et une verve extraordinaires. Cette œuvre est
d'un bout à l'autre remarquable par la forme comme par
le fond. Si parfois un mot familier ou trivial s'y ren-

contre, en général le ton en est fort élevé. Un vers plein, une phrase ample, y soutiennent la noblesse des idées et du style.

Voyez ce tableau dantesque de la Mort, auxiliaire de la Loi :

> *Elle tenoit en sa dextre meurtriere*
> *Un plein vaisseau de mortelle matiere,*
> *Plein jusqu'aux bordz de maledictions,*
> *De jugements et d'execrations !*

Quelle terrible servante de la Loi, que cette Mort

> *L'homme tirant aux eternelles nuicts!*

Cependant le Verbe doit remplir les promesses de Dieu ; si Dieu est juste, il doit briser

> *Le vieil decret de la Loy trop austere.*

Le Christ, c'est-à-dire la vérité et l'esprit de clémence triomphent donc : la Mort jette son trait, et le Christ lui défend de tenter désormais ses élus :

> *Mort, des humains la peste capitale,*
> *Qui as voulu par une reigle esgale*
> *Tous les mortelz profonder aux paluz*
> *Des noirs enfers, contre toy sont concludz*
> *Nouveaux decrets. . . . .*
> *Quand tu viendras appeller mes Esluz...*
> *Pour leur monstrer et presenter ta face,*
> *Je te defens que n'uses de menace...*

i

Ne les viens point de desespoir tenter,
Ne leur fais pas lamentable ouverture
Pour presumer leur malheur ou torture.
Je te defens par edict autentique
Que de l'Enfer une seule replique,
Un seul soucy, penser ou souvenir,
Scrupule ou peur ne leur face venir...
Plus ne viendras pour leur mettre en avant
L'ire de Dieu, comme as fait paravant;
Plus ne viendras de dueil noire et blesmie,
Mais leur seras une courtoise amye,
L'acces, l'apport, la douce messagere
De mes amours, et comme ma portiere
Leur ouvriras benignement mon huys.

Après avoir condamné les trois ennemis de l'homme, le *Médiateur* s'interpose auprès de la puissance divine pour la désarmer. « Advocat du commun, » il intercède pour tous et promet aux *Rachetez*, considérés comme une seule personne par une fiction poétique, un avenir de clémence et de grâce, en des termes d'une suavité pénétrante :

Ma mieux aymée, ô ma tres chere Espouse...
Voicy le temps, gratieuse Colombe,
Ou tout florist, quand le froid hyver tombe;
Voicy le temps que jouiray de vous
Et vous de moy; tant qu'ensemble nous tous
Un corps ferons, ô belle Sulamithe.
Escoutez moy, que ma Parole habite
En vostre ouyr; que mon esprit ressorte

> *Jusqu'au profond de votre cœur, en sorte*
> *Que d'un baiser nous n'ayons qu'une haleine...*
> *Je suis celuy qui vous viens reveler*
> *Mon doux esprit, pour tout renouveller.*

Il lui annonce les supplices divers dont elle sera assaillie, et les fureurs de ses ennemis irréconciliables :

> *... Ils rougiront vostre teinct et beauté*
> *De votre sang coulant à grans ruisseaux :*
> *Et forgeront tortures à monceaux...*
> *La terre et l'eau, les flambes et les vents,*
> *Rien n'y aura de ce que le Ciel cœuvre,*
> *Que tout ne soit contre vous mis en œuvre.*
> *Bref, ils feront mille petis enfers...*
> *Mais rien pourtant ne doit vostre asseurance*
> *Faire flechir. . . . .*
> *Et quand auront les hommes bien maudit...*
> *Forgeant des maux contre vous à milliers :*
> *Heureuse vous et tous voz familiers,*
> *Heureuse vous, car par la vostre croix*
> *Vaincrez les bras des primats et des Roys.*

On assiste ensuite aux splendeurs du ciel qui s'ouvre pour fêter la gloire de l'Agneau. Les bienheureux vont porter partout la nouvelle du salut ; les anges et les prophètes chantent en chœur pendant que l'Agneau monte, et le soleil et les autres astres s'inclinent devant lui. L'Agneau prend enfin la place qui lui est réservée.

> *Il est seigneur de l'Empire triforme,*
> *De Terre et Cieux et de l'Empire enorme.*

Là-dessus, le poëte commence un chant où il est question de la fragilité de l'homme et de la permanence de Dieu; dans un tableau grandiose emprunté de l'Écriture, il développe la succession des empires, en gardant pour l'Empire romain les plus fortes couleurs. Les causes internes de la décadence de Rome paraissent avoir été pénétrées par le poëte avec un esprit d'analyse très-pratique et très-sagace, plus soucieux encore de s'expliquer les choses par des motifs humains et naturels que par l'intervention des miracles. Après ce début grandiose :

> *Roys de la terre, Empereurs et Primatz*
> *Qui possedez ces incertains climatz,*
> *Vous defaudrez et vos ans periront,*
> *Mesme les Cieux comme un drap vieilliront.*

Marguerite énumère les vastes entreprises de Babylone, des Perses, d'Alexandre; puis elle signale la majesté romaine, la puissance née de Romulus :

> *Laquelle ayant de sa sanglante main*
> *Du tout brisé la superbe Carthage,*
> *Et des Gaulois affoibly le courage,*
> *Plusieurs païs et langages divers*
> *Qui sont espars en ce bas univers,*
> *Par longs efforts et par guerres mortelles*
> *Tout d'un accord fist vivre sous ses æsles :*
> *Dont tellement sa puissance elle accreut,*
> *Que par orgueil elle pensa et creut*
> *Estre fondée en fermesse immortelle...*
> *Ainsi estant l'Empire Rommain fait*

> *Si grand, si hault, si puissant et sy fort*
> *Qu'il ne craingnoit des estrangers l'effort,*
> *Secretement soubz ses æsles couvoit*
> *Sedition, et ainsi se mouvoit*
> *En peu de temps la tempeste civile*
> *Qui feit dechoir ceste superbe ville.*
> *Ainsi le nom et l'Empire Rommain*
> *Jadis fondé par tant de sang humain,*
> *Après avoir le monde combatu,*
> *Fut à la fin de sa force abbatu.*

Entré au sanctuaire éternel, le Médiateur adresse au Père sa requête plénière d'indulgence : Que miséricorde soit faite aux hommes, et que la Loi se tienne satisfaite du passé !

> *Puisque j'ay mis mon Ame et sang pour eux...*
> *Quand par erreur et foiblesse cherront*
> *Et qu'en mon nom ta grace requerront,*
> *Souvienne toy qu'ilz sont nés imparfaitz*
> *Et que de chair fragile tous sont faitz.*

La *Complainte pour un détenu prisonnier* renferme de réelles beautés ; il y a là des tableaux pathétiques et des cris touchants. Ce prisonnier, quel est-il ? Si l'on en croit M. Génin et les auteurs de la *France protestante*[1], il s'agirait de François Ier lui-même. Ont-ils bien rencontré ici ? « Ce dernier poëme, dit M. Génin, paraît avoir été composé pour François Ier, dans le temps de la captivité de Madrid. » Je vois bien le nom de *Fran-*

---

1. V. Eug. et Ém. Haag : *la France protestante* (article *Marguerite d'Orléans*).

çois dans cette pièce, mais c'est le prisonnier qui lui adresse la parole en se plaignant comme un homme persécuté pour sa foi. C'est le prisonnier qui implore *François*, avec le langage d'un pasteur :

> *Et toy, François, de mon cœur la moitié,*
> *Amy entier, vray Patron d'amitié,*
> *Mon Jonathas, mon fidele Achates,*
> *Mon vray Pollux, mon syncere Orestes,*
> *En me voyant de malheur abbatu,*
> *Ainsi traité, mon frere, qu'en dis-tu ?*

Il regrette les *coteaux d'Israël*, et les compagnons qu'il y a laissés faisant tous la *vigne de l'Eternel* :

> *Te souvient il, las, fidele Amateur,*
> *Te souvient il de quand j'estois Pasteur ?*
> . . . .
> *Je conduisois mes Agnelins exquis*
> *Non aux deserts, mais aux heureux pastiz*
> *Dont Jesus Christ luy seul en est la porte.*
> *Et si le Loup par quelque male sorte*
> *Parmy les bois forcé de faim hurloit,*
> *Ou que l'ardeur du soleil les brusloit,*
> *Lors les faisois soubz la fresche verdure*
> *De l'arbre saint, dont le fruit tousjours dure,*
> *Asseurément, à l'ombre se poser,*
> *Et là sans peur doucement reposer ;*
> *Puis tous les jours ma vive fontenelle*
> *Les abbreuvoit : mais son eau n'est plus telle*
> *Qu'elle souloit, quand les Nymphes des bois,*
> *Quand les Pasteurs mes amys plusieurs fois*
> *Venoient la voir pour un peu s'esjouyr.*

Hélas! un torrent a *dégâté* la vive et claire fontenelle :

> *Petits Agneaux vestuz de blanche laine,*
> *Ne venez plus pour boire à ma fontaine,*
> *N'y venez plus, car son eau est amere.*

Mais le prisonnier recommande aux siens, qu'il ne peut soulager, de garder bonne mémoire de lui :

> *Et si encor de moy il vous souvient,*
> *Souvienne vous aussi de ma doctrine.*

Voici de tendres et charmantes paroles :

> *Las, sans t'ouyr bien presumer je peux*
> *Que toy et moy, n'ayant qu'un cœur tous deux,*
> *Si dens mon cœur l'une moitié labeure,*
> *L'autre moitié dedens le tien en pleure.*

Si ce n'était *un prisonnier* qui parle, ne croirait-on pas entendre Marguerite parlant pour son propre compte et adressant une requête au roi en faveur de son cher troupeau compromis. Mais les vers suivants nous interdisent absolument de penser qu'il en soit ainsi. C'est le *prisonnier* au contraire, c'est un *pauvre homme* persécuté qui se demande comment a pu lui devenir contraire *celle* qui était sa protectrice :

> *Celle chez qui je feuz le laboureur*
> *De l'Eternel. Dira l'un, quel erreur*
> *A jamais peu ce poure homme commettre?*

Faute d'une lecture attentive, les critiques avaient

évidemment fait fausse route. Je ne prétends pas avoir percé les obscurités de ce poëme énigmatique; mais j'en signale le sens général. Je me permettrai pourtant de hasarder une hypothèse logique. Marguerite n'aurait-elle pas prêté sa voix et sa poésie au prédicateur Gérard Roussel, un instant emprisonné, qui avait joui, *grâce à elle*, d'une grande faveur auprès du roi, et qui fut, *à sa requête*, relâché par ordre de François Ier?

Arrivons aux quatre *comédies* ou mystères de la *Nativité de Jésus-Christ*, de l'*Adoration des trois Rois*, des *Innocents* et du *Désert*. Là encore l'inspiration change : c'est la naïveté populaire et rustique qui domine.

Ne pouvant insister beaucoup, je prends au hasard dans la *Bergerie* jointe au mystère de la *Nativité*. Rien de plus frais, de plus ingénu et de plus gracieux, que le début de cette *Bergerie*. En voici un fragment :

SOPHRON.

Le travail jour et nuict
Que je prens, tant me nuyt,
Qu'il me fault reposer.

ELPISON.

J'ai tant chassé le Loup
Et couru ne sçay où,
Qu'icy me veulx poser.

NEPHALLE.

De dormir je n'ay garde,

Il fault que je regarde
Tousjours sus mes brebis.

PHILETINE.

Et mon petit Agneau
Qui est né de nouveau
Je garde en mes habitz.

CHRISTILLA.

Ma grand brebis blessée
J'ay sy tres bien pensée.
Que mal n'aura m'amye.

DOROTHÉE.

J'ay tiré du laict gras,
Dont j'ay sy mal au bras
Que j'en suis endormie.

NEPHALLE.

Je ne sçay qui me fait veiller.
Mais je ne sçaurois sommeiller,
Ce n'est point le soing du troupeau,
Car j'ay mon parc fermé et clous
Sy bien que je ne crains les Loups,
Mon troupeau est saing, gras et beau :
Mais j'ay en mon cœur une joye,
Qu'il me semble tousjours que je oye
Quelques nouvelles bien plaisantes.
En attendant je garderay

> *Mon troupeau, et regarderay*
> *Du Ciel les estoilles luisantes.*

La voix des anges se fait entendre :

> *Resveillez vous Pastoureaux,*
> *Voicy le jour*
> *Que Dieu monstre en cas nouveaux*
> *Son grand amour.*

NEPHALLE.

> *Freres et sœurs, sus, au resveil;*
> *Laissez ce terrestre sommeil,*
> *Oyez des Anges les paroles.*

PHILETINE.

> *Resveillez vous, pour le Soleil*
> *Regarder en bel appareil,*
> *Ne soyez pas des vierges foles.*

ELPISON.

> *O Dieu, quelle clarté je voy!*

Le style de Marguerite n'est pas toujours recherché ou subtil, comme le prouvent ces exemples, et la souplesse, la variété de son talent poétique sont incontestables.

On achèvera de s'en rendre compte par la lecture de deux petites pièces comiques (*Trop, Prou, Peu, Moins,* moralité, et une *farce*) qui se trouvent plus loin, avant la *Coche*. C'est ce que M. Le Roux de Lincy paraît goûter le plus dans les *Marguerites*. Il en rapproche fort heureusement deux pièces publiées par lui pour la première fois : l'*Inquisiteur* et le *Malade*, où il signale des allusions aux choses de la Réforme et des railleries contre les pratiques romaines, qu'il lui semble retrouver dans *Trop, Prou, Peu, Moins*. Ces pièces satiriques sont assez gaies et assez piquantes. Elles font songer aux paroles de Florimond de Rémond, touchant les *farces* et *bouffonneries* représentées en Béarn, devant le roi et la reine de Navarre, par des comédiens venus d'Italie, en dérision de l'Église, paroles dont on est bien obligé de faire cas, malgré M. Génin. Il est trop commode d'en nier l'existence au nom du caractère sérieux des *Mystères* imprimés dans les *Marguerites*, et où l'on ne s'avisera jamais, d'accord en cela avec M. Génin, « de chercher le mot pour rire. » Mais le *Malade* et l'*Inquisiteur* confirment l'assertion du vieil historien : ce sont bien là des *farces*, telles qu'il les entend. Il est vraisemblable qu'il en existait d'autres, et que les acteurs jouaient, en guise d'intermèdes entre les *Mystères*, soit des scènes écrites auxquelles les hasards de l'improvisation italienne ajoutaient des traits imprévus, soit des parades burlesques, développant un thème convenu, et qui n'auront pas été recueillies [1].

Dans *Trop, Prou, Peu, Moins*, je n'ai pas relevé de

1. Dans une lettre à M. d'Izernay, en date du 12 janvier 1542, écrite de Nérac, Marguerite dit : « Nous y passons nostre temps à faire *mommeries* et *farces* », ce qui est assez caractéristique. (V. p. 381, 1er vol. des *Lettres*.)

traits qui m'aient paru bien nets au sujet de la *Réforme*. Mais je signalerai le tour moqueur et l'esprit sceptique des vers suivants, qui terminent la pièce :

PROU.

Celuy qui est dens un tombeau,
A vostre advis, est-il bien aise ?

PEU.

Je ne crains ne glace ne braize,
Je ne crains mort, ne maladie.

TROP.

Mais toutesfois (quoy que l'on die)
Il n'est que d'estre.

MOINS.

C'est bien dit.

PROU.

J'entens estre en joye et credit
Satisfait de tous ses desirs.

PEU.

Nous sommes jà pleins de plaisirs,
Et confessons qu'il n'est rien, qu'estre.

TROP.

Estre quoy ?

MOINS.

*A une fenestre,
Regardant le beau temps venir.*

. . . .

TROP.

*Puisque noz maux sont en tel nombre,
Que l'on les peult dire innombrables,
Je crains la vision des Diables :
Car les joyes du Paradis
N'empeschent nos ennuyz maudits.*

PROU.

*Peur nous assault de tous costez
Mais plus fort au cœur, n'en doutez :
Car c'est où est le grand deluge.
Mais, à fin que nul ne nous juge,
Allons nous en : car c'est assez.*

MOINS.

*Priez Dieu pour les trespassez,
Dont le retour est incongnu.*

PEU.

*Il en est quelqu'un revenu,
Mais bien peu ; le chemin est long...* [1].

---

1. Ce passage ne serait-il pas l'origine du propos que Brantôme met dans la bouche de Marguerite répondant à ceux qui

Dans son ensemble, cette *moralité* n'échappe pas aux défauts inséparables du genre : monotonie, froideur et obscurité. La *farce* qui précède, et dont les personnages sont *deux filles, deux mariées, la vieille, le vieillard et les quatre hommes*, est d'un ton autrement leste et mordant. C'est une petite comédie de mœurs dont le sujet est plaisant, le dialogue vif et original. Les quatre femmes, si drôlement conseillées par une vieille de cent ans, rappellent un peu le pauvre Panurge consultant Pantagruel, la sibylle de Panzoust, Her Trippa, Trouillogan et les cloches de Varennes : « Marie toi... Marie point ! » Elle sera lue sans difficulté et ne soulève aucune observation particulière. Je ne m'y arrête donc pas.

Dans les *Chansons spirituelles*, au contraire, et dans les *Épitres*, il est impossible de ne pas relever quelques morceaux de la plus grande beauté. Ainsi, d'abord, les *Pensées de la Royne de Navarre estant dans sa litière, durant la maladie du Roy* (François Ier); celles qui lui venaient un mois après la mort de celui-ci :

> *Las ! tant malheureuse je suis,*
> *Que mon malheur dire ne puys,*

et la *chanson* qu'elle fit sur son isolement depuis cette mort :

> *Je n'ay plus ny Mere ny Pere,*

forment une première série de poésies intimes et de

---

lui parlaient de la vie éternelle : « Tout cela est vray, mais nous demeurons bien longtemps morts soubs terre, avant que venir là. » (*Dames illustres*.)

famille, que complète celle des quatre *Epistres au Roy François* et de l'*Epistre au Roy de Navarre, malade*. Le sentiment y déborde et l'inspiration y est marquée du sceau d'une personnalité tendre et passionnée. En se bornant donc aux pièces de ce genre que contient le recueil imprimé, et sans rien prendre aux manuscrits, on trouve là des chefs-d'œuvre de grâce, de passion et de poésie. Les vers de Marguerite au roi de Navarre expriment d'une façon touchante et délicate le surcroît de peine qu'ajoute pour elle l'éloignement au chagrin de savoir son mari « fasché de maladie » :

> *O quel ennuy d'estre de vous bannie,*
> *Et vous laisser en telle compagnie*
> *D'extreme mal et de douleur cruelle!*
> *Et moy qui suis, je puis bien dire celle*
> *Qui plus voudroit de cœur et corps courir*
> *Au seur moyen qui vous peust secourir,*
> *Las, je m'en vois. Et si lon dit, qui est ce*
> *Qui au besoing ainsi son amy laisse?*
> *Un ignorant respondroit sus ce poinct,*
> *C'est celle là qui l'ayme peu ou point.*

Et comme elle le réfute, cet ignorant! Mais, il faut l'avouer, ce que lui inspire son affection ardente pour son frère surpasse tout :

> *Si la douleur de mon esprit*
> *Je pouvois monstrer par parole,*
> *Ou la declarer par escrit,*
> *Onques ne feut sy triste rolle;*

> *Car le mal qui plus fort m'affole*
> *Je le cache et couvre plus fort;*
> *Parquoy n'ay rien qui me console,*
> *Fors l'espoir de la douce mort* [1].

Ah ! pour ce deuil *importable* elle trouve toute expression trop faible :

> *A l'escriture veritable*
> *Defaudroit la force à ma main*
> . . . .
> *Mes larmes, mes soupirs, mes criz,*
> *Dont tant bien je sçay la pratique,*
> *Sont mon parler et mes escritz,*
> *Car je n'ay aultre rhetorique* [2].
> . . . .

O mon Dieu ! s'écrie-t-elle, accordez-moi le seul bien que je *mendie*, sa guérison :

> *C'est celuy que vous avez oinct*
> *A Roy, sur nous par vostre grace;*
> *C'est celuy qui ha son cœur joint*
> *A vous, quoy qu'il die ou qu'il face*
> . . . .
> *Oyez donc les criz de sa sœur!*
> . . . .
> *Puisqu'il vous plaist luy faire boire*
> *Vostre calice de douleur,*

---

1 *Pensées de la royne de Navarre*, etc.
2. *Ibid.*

*Donnez à nature victoire
Sur son mal et nostre malheur.*

. . . .

*O que la lettre sera belle
Qui le pourra sain affermer!*

*Le desir du bien que j'attens
Me donne de travail matiere;
Une heure me dure cent ans,
Et me semble que ma Litiere
Ne bouge ou retourne en arriere :
Tant j'ay de m'avancer desir.
O qu'elle est longue la carriere
Ou à la fin gist mon plaisir*[1]*!*

*Je regarde de tous costez
Pour voir s'il arrive personne,
Priant sans cesse, n'en doutez,
Dieu, que santé à mon Roy donne;
Quand nul ne voy, l'œil j'abandonne
A pleurer; puis sur le papier
Un peu de ma douleur j'ordonne,
Voilà mon douloureux mestier.*

*O qu'il sera le bien venu
Celuy qui, frappant à ma porte,
Dira : le Roy est revenu
En sa santé tres bonne et forte.*

1. *Pensées de la royne de Navarre,* etc.

Alors sa sœur, plus mal que morte,
Courra baiser le Messager
Qui telles nouvelles apporte
Que son frere est hors de danger.

Avancez vous, homme et chevaux,
Asseurez moi, je vous supplie,
Que nostre Roy pour ses grans maux
A receu santé accomplie,
Lors seray de joye remplie.
Làs, Seigneur Dieu, esveillez vous,
Et vostre œil sa douceur desplie,
Sauvant vostre Christ et nous tous.

Sauvez, Seigneur, royaume et Roy,
Et ceux qui vivent en sa vie..... [1].

Il est curieux de comparer avec ces vers d'un si vif élan ce passage en prose où se trouvent rapportées des paroles empreintes du même accent et pour le même objet, adressées par elle à ses serviteurs :

« Quiconque viendra à ma porte m'annoncer la guerison du roy, fust il las, harassé, fangeux et malpropre, je l'irai baiser et accoler comme le plus propre gentilhomme de France, et s'il avoit faute de lit et n'en trouvoit pour se delasser, je lui donnerois le mien et coucherois plutost sur la dure, pour telles nouvelles qu'il m'apporteroit [2]. »

---

1. *Pensées de la royne de Navarre,* etc.
2 Ch. de Sainte-Marthe : *Oraison funèbre de la royne de Navarre.*

On le voit, cette fleur de poésie lui vint souvent de la réalité; de là, ce charme si pénétrant, si puissant qu'il subsiste encore dans cette langue vieillie.

Voici qui mérite également d'être cité :

> *Las, tant malheureuse je suis*
> *Que mon malheur dire ne puys,*
> *Sinon qu'il est sans esperance.*
> . . . .
>
> *Tant de larmes jettent mes yeux,*
> *Qu'ils ne voyent terre ne cieux;*
> *Telle est de leur pleur abondance.*
> . . . .
>
> *Je n'ay plus que la triste voix*
> *De laquelle crier m'en vois*
> *En lamentant la dure absence.*
> *Làs, de celuy pour qui vivois,*
> *Que de sy bon cœur je voyois,*
> *J'ay perdu l'heureuse presence*[1].

Sans doute il est au ciel :

> *Mais, hélas, mon corps est banny*
> *Du sien auquel il feut uny*
> *Depuis le temps de nostre enfance!*
> . . . .

---

1. *Autres pensées, faites un mois après la mort du Roy.*

> *Mort qui m'as fait sy mauvais tour*
> *D'abatre ma force et ma tour,*
> *Tout mon refuge et ma defense,*
> *N'as sceu ruiner mon amour,*
> *Que je sens croistre nuict et jour*
> *Que ma douleur croist et avance.*
>
> . . . .
>
> *O mort, qui le frere as domté,*
> *Vien donc par ta grande bonté*
> *Transpercer la sœur de ta lance*[1].

Outre les poésies déjà citées, l'*Histoire des Satyres et des Nymphes de Diane*, fantaisie mythologique imitée de Sannazar; les *Quatre Dames et les Quatre Gentilzhommes*; la *Coche*[2], dédiée à la duchesse d'Etampes, et qui se recommande par une élégance ingénieuse; les *Adieu des dames de la royne de Navarre*, à la princesse Jeanne (portant en marge l'indication du nom de chacune de ces dames), quelques petites pièces, telles que la *Mort et résurrection d'Amour*, en *vers alexandrins*[3], achèvent le collier ou le bouquet des *Marguerites*.

Il est permis de croire que si les poésies de la reine de Navarre avaient eu plus de lecteurs jusqu'ici, et des lecteurs plus attentifs, elles seraient placées au même rang, pour le moins, que les *Nouvelles*. A bien exami-

---

1. *Autres pensées, faites un mois après la mort du Roy.*
2. Ou le *Débat d'Amour*; v. ci-après. p. xcj.
3. Cette mention forme le sous-titre de la pièce, ce qui atteste combien cette sorte de vers était peu usitée. C'est la seule pièce de ce mètre qui se trouve là, avec une chanson spirituelle dont l'air est celui de la chanson populaire : *Sur le pont d'Avignon*.

ner les choses, l'auteur de l'*Heptaméron* n'est qu'un charmant conteur et un spirituel écrivain ; l'auteur des *Marguerites* se rattache, malgré ses imperfections, à la grande lignée des poëtes. Il ne lui a manqué, pour laisser des œuvres d'une souveraine beauté dans leur ensemble, que de venir un peu plus tard, lorsque l'*art* de la poésie eut accompli, avec Joachim Du Bellay et le meilleur de la *Pléiade*, des progrès décisifs. La forme, si exquise par instant, se dérobe et s'affaisse trop souvent chez elle ; mais l'essence de la haute et large poésie est là. Elle a connu des mélancolies que l'on croirait volontiers toutes modernes. De cette grâce, et de cet esprit, et de cette source d'émotions sans cesse jaillissante, il ne lui fut pas donné de faire un emploi soutenu et complet. Du moins a-t-elle légué à la postérité un certain nombre de pages admirables qui révèlent le génie : *Incessu patuit Dea*. A défaut d'un art plus parfait, elle posséda les deux grands éléments de toute poésie élégiaque et lyrique : le *mouvement* et le *cri*. Elle fut enfin une de ces natures d'élite qui ont le rare privilége d'être aimées dans la mort, à travers l'ombre accumulée des siècles.

III

Je m'abstiendrai de parler des anciennes éditions de l'*Heptaméron*, au sujet desquelles on trouvera dans le *Manuel* de Brunet et dans la publication, déjà citée, de M. Le Roux de Lincy, toutes les indications désirables. Il suffit de rappeler ici que la première édition du recueil de la reine de Navarre, par Pierre Boaistuau (1558), ne contient que 67 nouvelles, avec des remaniements ; et que la deuxième, celle de Claude Gruget (1559), était la seule complète et la plus fidèle avant l'édition moderne faite par M. L. de Lincy, *sur les mss.* pour la Société des Bibliophiles.

La même édition (*Append.*) mentionne les divers mss. tant de l'*Heptaméron* que des œuvres, inédites ou publiées, de Marguerite d'Angoulême.

Quant aux *Lettres*, on sait qu'elles furent publiées par M. Génin, *pour la première fois*, sous les auspices de la Société de l'histoire de France, à l'exception de la correspondance avec Briçonnet, restée jusqu'à présent inédite.

Ce que j'ai à mentionner ici d'une façon spéciale, ce sont les éditions, soit du recueil des *Marguerites*, soit de quelques-uns des poëmes qui le composent et qui avaient d'abord paru isolément ; enfin l'indication de certaines pièces supprimées ou modifiées dans ce recueil.

En voici la liste :

I. — « *Le Miroir de lame pecheresse, onquel elle recongnoist ses faultes et pechez. aussi ses graces et benefices a elle faitez p. Jesuchrist son espoux. La Marguerite tres noble et precieuse sest preposee a ceulx qui de bon cueur la cerchoient.* A Alençon, chez maistre Simon du bois, MD.XXXj. » Pet. in-4 goth. de 35 ff. non chiffrés.

C'est l'édition la plus ancienne *avec date* que l'on connaisse, et la plus rare.

Le *Miroir* fut réimprimé en 1533 par le même Simon Dubois, dans un recueil en deux parties, dont la première comprend le *Dialogue en forme de vision nocturne* entre Marguerite et sa nièce, Charlotte de France, morte en 1524, qu'elle interroge sur le bonheur des Elus. La deuxième partie se compose du *Miroir de l'âme pécheresse*, du *Discord entre l'esprit et la chair*, et de *l'Oraison à Jésus-Christ*. (Petit in-4°, goth., 61 ff. non chiff.) Cette édition est également fort rare. La bibl. de l'Arsenal et la bibl. Mazarine en possèdent l'une et l'autre un exemplaire. On ne connaît pas de réimpression du *Dialogue en forme de vision nocturne*, ni dans les *Marguerites*, ni ailleurs. Mais on retrouve le *Miroir* sous ce titre : *Le Miroir de tres chrestienne Princesse Marguerite de France, Royne de Navarre, Duchesse D'alençon et de Berry : auquel elle voit et son neant et son tout.* (Paris, Ant. Augereau, 1533. — Petit in-8°, lettres rondes; 36 et 20 ff. chiff.) Un avis imprimé au verso du titre indique que le texte a été corrigé et augmenté d'après « l'original escript de la propre main » de l'auteur. Une seconde partie, qui est de Jean Salomon, dit Florimond ou Montflory, contient un petit traité grammatical sous ce titre : *Briefve doctrine pour deuement escrire selon la proprieté du langaige françoys.* — La Bibl. Nat. possède un exempl. de cette publication.

Il faut citer encore l'édition de Lyon (Le Prince, 1538, — petit in-8° de 93 pp. avec l'opuscule de J. Salomon), et l'édition de Genève (Jehan Girard, 1539. — pet. in-8° de 43 ff. non chiffr.), où manquent cet opuscule et plusieurs autres pièces. — L'avis qui accompagne l'édit. de 1533 (Augereau) est reproduit dans l'édit. de 1538.

A propos de l'édition d'Augereau (1533), citée ci-dessus, on doit noter que les vers de Marguerite au lecteur :

> *Si vous lisez ceste œuvre toute entiere,*
> *Arrestez vous, sans plus, à la matiere, etc.*

réimprimés en tête des *Marguerites*, précèdent cette édition du *Miroir*. Après ce poëme, vient le *Discord estant en l'homme par la contrariete de lesperit et de la chair, et paix par vie spirituelle. Qui est annotation sur la fin du septiesme chapitre et commencement du huict. de l'epistre sainct Paul aux Romains*; titre abrégé dans la réimpression de 1547. La troisième pièce en vers de ce livret, l'*Oraison à Nostre Seigneur Jesus Christ*, y est accompagnée d'une double oraison *en prose* (supprimée dans les *Marguerites*), sous cette rubrique : *Oraison tres devote à Nostre Seigneur Jesus Christ, pour impetrer sa misericorde*. La première partie de ce petit recueil se termine (ff. 35 et 36) par « le VIe pseaulme de David, translaté en Françoys selon l'hebrieu, par Clement Marot, Valet de chambre du Roy. » La deuxième partie, paginée séparément, contient : « Epistre familiere de prier Dieu. Aultre epistre familiere d'aismer chrestiennement. Item Briefve doctrine, etc. » Le tout est clos par : « L'Instruction et Foy d'ung chrestien, mise en Françoys par Clement Marot. » — Dans cette édition, comme dans celle de 1547, le *Miroir* offre simplement en marge l'indication des passages des Livres Saints auxquels l'auteur fait des emprunts ou des allusions. Il n'en est pas de même dans une autre édition, sans lieu ni date, que nous signalons d'après un exemplaire appartenant à M. Ferdinand Denis, à qui nous adressons tous nos remerciements pour son obligeante communication. M. Brunet ne paraît pas l'avoir connue ; car on ne saurait la confondre avec celle qu'il mentionne (pet. in-8, s. l. ni d., 37 ff.) comme ayant le même titre, pour la première partie, que l'édit. de Simon Dubois (1533), et grossie du Traité de la *Briefve doctrine*, moins complet que dans l'édit. d'Augereau. L'exempl. de M. F. Denis (pet. in-8", lettres rondes) comprend seulement 35 ff. non chiff., comme l'in-4º goth. de 1531. En voici le titre : *Le Miroir de lame pecheresse. auquel elle recongnoist ses faultes et pechez. aussi les graces et benefices a elle faictz par Jesuchrist son espoux.* Aux indications sommaires sont jointes, en marge, des citations *textuelles* des passages correspondants de la Bible. Le *Discord estant en l'homme, etc.*, porte le même titre que dans l'édition dont il vient d'être parlé, sauf de légères différences d'orthographe ; la même oraison en prose y figure sous ce titre : *Oraison a nostre Seigneur Jesuchrist du pecheur contrict, et penitent. Impetrative de grace, et remission pour ses delictz.* Nous la transcrivons en *appendice* à la fin du tome I de notre édition. — Un erratum est imprimé au dernier feuillet du recueil ; c'est tout. — Cette édition me semble devoir prendre date entre l'édit. goth. de 1531 et les éditions de 1533, tant celle de S. Dubois que celle d'Augereau. Peut-être est-ce la première réimpression du *Miroir* que celui-ci ait faite, immédiatement après la mise au jour de l'œuvre de la reine de Navarre par l'imprimeur d'Alençon.

L'Art et usage du souverain mirouer du chrestien, et *Le Miroir du chrestien et moyen de cognoistre Dieu et soi mesme* (1 v. in-16 en 2 parties, 32 et 62 pp., Paris, Lenoir, 1556), n'ont rien de commun avec le *Miroir de l'âme pécheresse*. La première partie, en vers, est bien l'œuvre de Marguerite, mais une œuvre remaniée par l'auteur de la seconde partie (en prose), le frère Pierre Olivier, qui la publia sept ans après la mort de la reine de Navarre, en modifiant le titre.

Voici, d'après M. Brunet, qui l'indique comme très-rare, le titre de la traduction ou de l'imitation anglaise du *Miroir de l'âme pécheresse*, par Élisabeth d'Angleterre : A GODLY *meditacyon of the Christen sowle... compyled in Frenche by lady Margarete quene of Navarre; and aptely translated into Englysh by the right vertuose lady Elyzabeth, daughter to our late soverayne Kyng Henry the VIII.* — *Emprinted in the yeare of our Lorde* 1548, *in Apryll.* (Pet. in-8 goth. de 48 ff.)

II. — *La Fable du Faux Cuyder, contenant l'Histoyre des Nymphes de Diane transmuées en saulles, faicte par une notable Dame de la Court, envoyée à Madame Marguerite, fille unique du Roy de France*. (Paris, 1543, Adam Saulnier. — Pet. in-8º.) M. Brunet en mentionne une réédition avec d'autres compositions, « tant de notre Marguerite que de quelques anonymes » (Lyon, 1547, Jean de Tournes, — pet. in-8º), et deux reproductions : 1º dans un recueil de trois pièces dont la première est le « Discours du voyage de Constantinople... par le seigneur de la Borderie (1546, in-8º); 2º dans le *Livre de plusieurs pièces* (1548, in-16), qui contient, outre ce voyage, l'*Eglogue de la vie solitaire* de Maurice Scève.

III. — *Le Débat d'amour*, en vers et en prose, composé vers 1532, dont la Bibl. Nat. possède un msc. (2286, — Suppl. franç.), n'est autre que le poëme de la *Coche*, avec des rubriques en prose mises au-devant de chaque récit et destinées à l'explication des miniatures. Voici les termes de la dernière, qui nous fournit des renseignements assez curieux sur les costumes du temps : « Cy endroict est la unzieme et derniere histoire qui contient comment la royne de Navarre baille à madame la duchesse d'Estampes, toutes deux estant en une chambre fort bien tapissée et pavée; la dicte dame d'Estampes ayant une robe de drap d'or frisé, fourrée d'hermynes mouchetées, une cotte de toile d'or incarnat esgorgettée et dorée, avec force pierreries. La royne de Navarre, tant en ceste histoire que les aultres, est habillée à sa façon accoustumée, ayant ung manteau de veloux noir, couppé ung peu soubs le bras; sa cotte noire, assez à hault collet, fourrée de marthes, attachée d'espingles par devant, sa cornette assez basse sur la teste, et apparoist ung peu sa chemise, froncée au collet. »

Le manuscrit décrit par M. Le Roux de Lincy, et appartenant au baron Pichon, est orné de onze miniatures dont la dernière représente Marguerite offrant son livre à la duchesse d'Etampes, avec cette devise au-dessous : « Plus vous que moy. » Elle figure en tête du t. III de l'*Heptaméron*[1]. Le registre de Jehan de Frotté[2] dit que ce fut l'un des chapelains de la reine, maître Adam Martel, qui eut charge de « l'escripre en parche-

---

1. Édition de la *Société des Bibl.*; ouvr. cit.
2. La Ferrière-Percy; *ouvr. cit.*, p. 50.

min, l'enluminer et l'enrichir de onze histoires à la devise de la Dame et de plusieurs lettres d'or et asur et autres couleurs, de le faire dorer et relier en velours. »

IV. — Du Verdier indique une *Eglogue* (Pau, J. de Vingles, 1552) qui ne s'est pas retrouvée.

Ici finit la série des publications partielles.

V. — *Les Marguerites de la Marguerite des princesses, Tres-illustre royne de Navarre* (Lyon, Jean de Tournes, 1547, — petit in-8º; 1re partie, 542 pp.; 2e partie, 342 pp.), édition princeps que nous reproduisons. — Toutes les poésies de Marguerite publiées antérieurement, sauf le *Dialogue en forme de vision nocturne*, s'y trouvent reproduites. — Elle est très-rare. La Bibl. Nat. en possède un exempl. en 2 vol. (y—4523). Après la dernière page du 1er vol., se trouve un cartouche composé d'une guirlande au milieu de laquelle est une main soutenant cette inscription : « Quod tibi fieri non vis alteri ne feceris. » Dans la guirlande on lit ceci : « Virum de mille unum reperi. — VII. Eccles. » — Le verso est orné d'un fleuron, qui termine également le tome II.

RÉIMPRESSIONS IN-16 :

1º 1549 (Lyon, Pierre de Tours), plus rare encore que l'édit. *princeps*, mais incomplète.

2º 1552 (Paris, Benoist Prevost ou Arnoul L'Angelier, ou Jehan Ruelle).

3º 1554 (Paris, Ben. Prevost ou Jehan Ruelle, ou Vve François Regnauld, ou J. Caveillier).

De ces deux jolies éditions, la plus rare et la plus recherchée est la dernière. L'une et l'autre reproduisent exactement les matières de l'in-8º de 1547, mais avec des variantes orthographiques.

La plus estimée après celle-ci est l'édit. de 1554, dont la bibl. Sainte-Geneviève (*cab. des mss.*) possède un exemplaire. (*Vve Fr. Regnauld, en la rue St-Jacques, à l'enseigne de l'Eléphant.* — 2 t. reliés en un seul vol.)

Ce titre de *Marguerite des princesses*, qui fait de la sœur de François Iᵉʳ, selon l'expression de Ronsard, « la plus belle fleur d'eslite » et qui tire un éloge d'un jeu de mots, était naturellement suggéré par un nom qui désigne en latin la *perle*, et en français une des fleurs les plus gracieuses et les plus aimées de tous. Dans un msc. de la bibl. de l'Arsenal, cité par M. Le Roux de Lincy et composé pour la reine de Navarre : *Initiatoire, insstruction en la Religion chrestienne pour les enffans, etc.*, au recto du fol. 2, une grande miniature représente le roi Henri d'Albret, en pied, au milieu d'un jardin fermé par un grillage, de l'autre côté duquel on aperçoit Marguerite vêtue d'une robe de drap d'or, coiffure et guimpe noires. Le roi tient dans sa main une *marguerite*, et au-dessous de l'écusson des armes de Navarre on lit cette devise latine : *Inveni unam preciosam Margaritam quam intimo corde collegi.*

Au sujet du premier éditeur des *Marguerites*, les bibliographes et les biographes ne s'entendent guère. Les uns le nomment Jean, d'autres Simon, et d'autres Jacques de La Haye. Bayle reprend vertement Du Verdier pour l'avoir fort bien nommé dans sa « Bibliothèque françoise » Symon Sylvius, dict de la Haye. — « Voilà donc une faute de du Verdier Vau-Privas, il nomme Simon celui qui s'appeloit Jean[1] ». — Or, du Verdier ne fait que rapporter exactement les termes du privilége, et c'est Bayle qui se trompe ici. En revanche, il se moque avec raison de Moréri[2] qui, induit en erreur par ce nom de Simon Silvius, s'imagine que « Siméon Bosius, dont on a de savantes notes sur les Epîtres de Cicéron à Atticus, s'appeloit de la Haye et avoit été valet de chambre de la Marguerite... On eût pu se garantir de cette méprise si l'on eût considéré : 1° que le valet de chambre de cette Princesse estoit vieux (cela paroit par l'espistre dedicatoire) quand il publia les Marguerites de la Marguerite; 2° que Siméon Bosius mourut jeune, comme Ste Marthe, cité par M. Moréri, nous l'apprend[3] ». Il s'agit en effet, non de Siméon Bosius ou Du Bois, mais du Simon Silvius connu pour avoir traduit du latin le Commentaire de Marsile Ficin sur le Banquet de Platon[4]. Nommer ce dernier Siméon, au lieu de Simon, pour établir l'assimilation, comme le fait Moréri, reproduit par la Biographie Didot, c'est procéder bien légèrement. L'assertion de Jean Fabricius, dans son Historia bibliothecæ fabricianæ, rapportée par la Biographie Michaud, ne fait rien à l'affaire; dire qu'il s'appelait en français « Dubois, sive de la Haye, atque hinc Silvius »,

---

1. Dictionnaire critique, art. Navarre, note N.
2. Art. Siméon du Bois.
3. Dict. crit., art. Navarre, note N. — Si ce Bosius est mort en 1580, lors même qu'on lui donnerait quarante-cinq ans, en plaçant sa naissance vers 1535, il n'aurait eu que douze ans en 1547!
4. Poitiers, in-8°, 1556, chez Enguilbert de Marnef.

ce n'est pas fournir la preuve d'une identité que tout repousse d'ailleurs.

Le signataire de la Dédicace, ce J. de la Haye, qui se dit serviteur de la reine de Navarre, et le Symon Silvius, *dit* de la Haye, écuyer valet de chambre de la même reine, qui figure dans le privilége, ne font certainement qu'un seul personnage, nul ne le conteste. Qu'on le nomme *Jacques*, avec M. de La Ferrière-Percy[1], ou qu'on lui garde le prénom de Jean, d'après La Croix du Maine, suivi par Bayle et M. Le Roux de Lincy (sans toutefois le confondre avec Jean de la Haye, baron des Coulteaulx[2], ou autres homonymes de l'époque), ce qui reste acquis, c'est qu'il s'appelait J. Symon ou Simon, *dit* Silvius, *dit* de La Haye. En effet, *Silvius* n'est pas un nom réel ; c'est un déguisement latin dans le goût de l'époque. En le traduisant par *Dubois*, avec les auteurs de la *France protestante*, nous n'aurions qu'à alléguer l'exemple de ce fameux médecin du XVIe siècle, Jacques Dubois, si connu sous le nom de *Sylvius*. Et alors, il nous serait impossible de ne pas songer au premier imprimeur du *Miroir de l'âme pécheresse*, Simon Du Bois.

Mais nous en resterons là jusqu'à plus ample informé : il est trop dangereux de se laisser aller aux hypothèses

---

[1]. Ouvr. cit. (*Append.*) Un certain *Jacques Simon* est justement porté *comme valet de chambre* sur le rôle de la maison de Marguerite pour 1548.

[2]. Auteur des *Mémoires et recherches de France et de la Gaule aquitanique*, ouvrage publié en 1581, après la mort du baron des Coulteaulx, lieutenant et sénéchal du Poitou, qui fut tué dans les guerres civiles en 1574.

Ne pas confondre non plus notre J. de la Haye avec Maclou de la Haye, valet de chambre du roi Henri II, auteur de poésies publiées en 1553.

aventureuses, pour que nous suivions cette pente, bien que J. de la Haye rappelle dans son Epître ses longs services auprès de Marguerite d'Angoulême, et qu'il ait bien pu être son éditeur en 1531 et 1533.

Pour en finir avec ces rapprochements, citons encore l'auteur du sixain latin placé en tête du *Tombeau de Marguerite de Valois, Royne de Navarre*, au-dessous du portrait de celle-ci, reproduit dans le livre de M. de La Ferrière-Percy. Il y prend le nom barbare de *Rob. Hayus*; et plus loin, dans un encadrement où se trouvent ces vers en lettres capitales, comme pour une inscription tumulaire :

> *J'ai eu long-temps la larme à l'œil,*
> *Perdant un Roi qui fut mon pere :*
> *Maintenant je double mon dueil*
> *Perdant sa sœur qui fut ma mere.*

Il signe : *Rob. de La Haye*. C'est le seul endroit où j'aie rencontré le nom de ce Robert de la Haye, qui semble avoir eu dans François Ier et dans sa sœur des protecteurs si dévoués.

Au-dessous du titre de la seconde pièce des *Marguerites*, intitulée : *Aux dames des vertus de... Marguerite de France royne de Navarre devotement affectionnées*, se trouvent les initiales M. SC., qui me paraissent désigner, selon toutes les vraisemblances, le poëte Maurice Scève, une des gloires de Lyon, dont la *Délie* avait paru en 1544. L'année même de l'apparition du recueil de la reine de Navarre, il publiait chez le même imprimeur,

Jean de Tournes, grand admirateur de son talent, *Saul-saye, Eglogue de la vie solitaire*[1].

Il faut se rappeler que Marguerite eut de tout temps des relations littéraires avec ce groupe de Lyon, si actif et si brillant; que Rabelais, en familiarité intellectuelle avec elle, Dolet, Sainte-Marthe et Des Periers, ses protégés, y avait résidé. Le peintre Corneille, pensionnaire de la reine de Navarre, s'y trouvait à côté de Philibert Delorme. Nicolas Bourbon, qui fut *pédagogue* de Jeanne d'Albret, y rivalisa comme poëte latin avec Jean Voulté. Là, Bonaventure, dans sa disgrâce, revint se cacher et mourir. Là, Clément Marot, dont Maurice Scève mérita l'éloge, s'était lié étroitement avec lui.

Marguerite elle-même y avait fixé le souvenir de son passage en diverses circonstances. Comme elle en avait dû retenir bien des impressions durables, entre autres celle de la mort subite du Dauphin François, et de l'horrible supplice de son jeune échanson, Montecuculli, accusé de l'avoir empoisonné (1536). On sait qu'elle traversa Lyon avec François Ier, en 1541, alors qu'Étienne Dolet, Des Periers et Sainte-Marthe s'y trouvaient réunis.

« C'est là, dit M. de La Ferrière-Percy, en parlant de son dernier voyage, c'est là que le poëte, un instant l'idole de sa cour, Bonaventure Des Periers, pris de désespoir, venait de se percer de son épée; c'est là qu'elle avait appris le désastre de Pavie; c'est là qu'elle avait vu

---

[1]. Jean de Tournes lui dédie une épître en tête des *Sonnets* de Pétrarque, 1547.

mourir son premier mari, le duc d'Alençon ; là que, le cœur plein d'angoisse, elle avait chanté le rosier du jardin des Célestins, de ce couvent où elle habitait alors[1]. »

Entre la patrie de Maurice Scève et elle il y avait, on le voit, plus d'un lien cher ou douloureux.

Dans le séjour qu'elle y fit, en août et septembre 1548, le nom de l'ingénieux auteur de la *Délie* revient précisément se confondre avec le nom de Marguerite.

Celle-ci était dans la ville avec Catherine de Médicis lorsque le roi Henri II, revenant de Piémont pour s'occuper des troubles de la Guyenne et du Languedoc, y fit une entrée solennelle le 23 septembre. « Barthélemy Aneau et Maurice Scève, si expert dans l'art des emblèmes, avaient réglé la marche du cortége royal[2]. » C'était un cortége triomphal ; et le programme de cette fête, où figura la reine de Navarre, porte en effet l'empreinte du goût de Maurice Scève, pour les figures et les allégories, ce goût dont témoigne sa poésie recherchée, souvent obscure, et qui se reconnaît aisément dans le *Sonnet* signalé plus haut, comme dans celui qui précède la *Suyte des Marguerites*.

Il est temps d'en finir avec tous ces détails, malgré ce qui resterait à dire sur celle dont la bouche ou la main a laissé partout, au passage, pour la postérité, comme le demandait pour lui le poëte Bonaventure,

Un mot flory de grace non pareille.

En ajoutant aux renseignements puisés aux meilleures

---

1. La Ferrière-Percy, *ouv. cit.*, p. 38-46.
2. *Id., ibid.*

sources, après les avoir dûment contrôlés, l'analyse des propres œuvres de Marguerite d'Angoulême, et en lui donnant pour cadre le milieu où elle vécut, on pourrait écrire non pas une notice, mais un excellent livre. On aurait de quoi faire un large tableau historique dominé par cette glorieuse figure de femme, aussi séduisante que grande, symbole parfait de la Renaissance dans son plus vif éclat et dans ses plus généreuses tendances. Je ne pouvais tracer ici qu'une esquisse réduite d'un pareil tableau; du moins me suis-je efforcé de ne rien omettre des traits essentiels qui doivent rendre le personnage visible en face de son œuvre.

Félix Frank.

MARGVERITES
DE LA MARGVERITE
DES PRINCESSES,
TRESILLVSTRE

ROYNE

DE

NAVARRE.

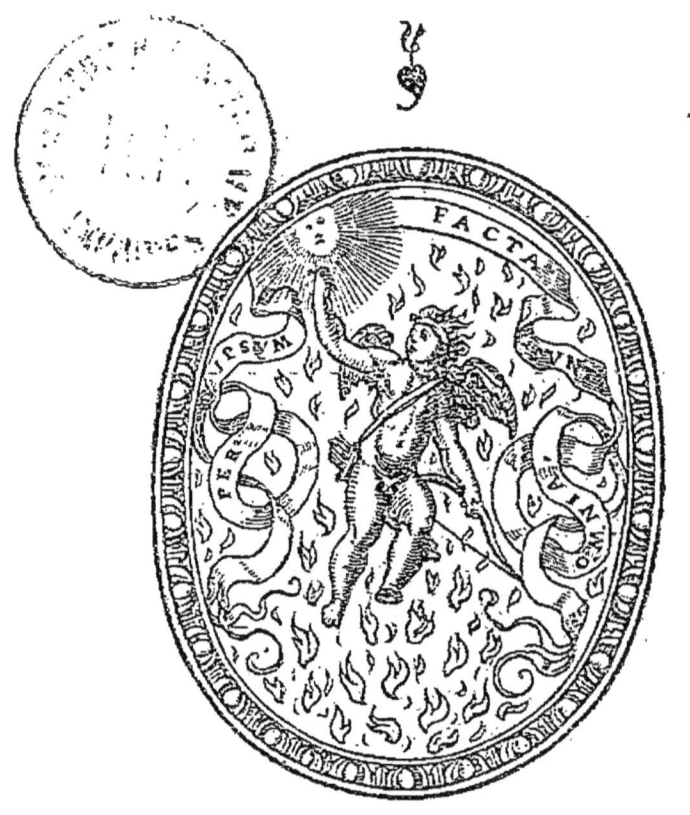

A LYON,
PAR IEAN DE TOVRNES.

M. D. XLVII.
Auec Priuilege pour six ans.

Extraict des registres de Parlement.

Sur la requeste presentee à la Court par Symon Silvius, dit de la Haye, escuier valet de chambre de la Royne de Navarre, contenant que par cy devant il avoit mis devers ladite Court plusieurs petis livres en ryme françoise, cestascavoir un intitulé Les Quatre Dames et les Quatre Gentilzhommes, une Comedie de la Nativité de Jesuchrist, une de Ladoration faite par les trois Roys à Jesuchrist, une des Innocentz, et une autre intitulée le Desert, Le Triomphe de l'Agneau, une Complainte pour un detenu prisonnier, une Oraison de l'Ame fidele à son seigneur Dieu, Le Dialogue de madame Charlote, un autre intitulé La Coche, trois Epistres de ladite Dame au Roy, et une Farce intitulée Trop, Prou, Peu, Moins. Tous les susditz Livres faitz et composez par ladite Dame, pour iceux veoir et corriger si besoing estoit. Et, ce fait, obtenir permission et privilege de les faire imprimer. Et ayant ledit suppliant esté adverty que lesditz Livres avoient esté veuz par ladite Court, requeroit luy donner par icelle permission et privilege jusques à six ans, pour faire imprimer et vendre lesditz Livres par qui bon luy sembleroit. Et neantmoins faire inhibitions et defenses à tous Imprimeurs et Libraires de ne imprimer ne vendre lesditz Livres sans le vouloir et consentement dudit suppliant. Veue laquelle ensemble lesditz livres, La Court ha permis et permet audit De la Haye faire imprimer et vendre par telz Imprimeurs et Libraires que bon luy semblera les Livres dessus designez. Et ha fait et fait la Court inhibitions et defenses à tous autres Imprimeurs et Libraires de ne imprimer ne faire imprimer ne exposer en vente lesditz Livres jusques à six ans prochains apres qu'ilz auront esté imprimez et mys en lumiere, à peine de confiscation desditz Livres et damende arbitraire. Fait à Bourdeaux en Parlement le xxix. jour de mars, Lan mil cinq cens quarante six, avant Pasques.

Collation est faite.

DE PONTAC.

A TRESILLUSTRE ET TRESCHRESTIENNE
PRINCESSE

MADAME LA PRINCESSE DE NAVARRE,

J. DE LA HAYE,

Son treshumble serviteur,

SOUHAITTE ENTIERE PROSPERITÉ.

PLVS tost verrons, ô illustre Princesse,
Totalement Dyane avoir prins cesse;
Plus tost verrons les immortelz rayons
Du beau Phebus, que luire nous voyons,
Du tout esteints, et la vierge Tegée
Aux blonds cheveux en l'Ocean plongée;
Les quatre corps desquelz sont procedants
Tous autres corps, en nous tous discordants
Plus tost seront, et au rebours boutée
La Poulsiniere, et la voye lactée;
Plus tost en l'air les poissons logeront,
Et les Oyseaux en la Mer nageront,

Que celle Fleur qui nostre siecle honnore,
Et les beaux Liz, et la France decore,
Ne porte fruitz d'inestimable prix,
Dont soyent repeuz tant de nobles esprits,
Qu'ores on voit par les terres Galliques
A tout sçavoir et vertus heroïques
Estre addonnez. Ces doux fruitz immortelz
Sy rares sont, qu'il n'en est point de telz.
Il n'en est point en l'heureuse contrée
Que Pactolus ou la mer Erithrée
Vont arrousant; point n'en est en Seba,
Ny ès haults monts fertiles de Saba.
Il n'en est point de telz en la Syrie,
En Palestine, ou bien en Assyrie;
Il n'en est point du grand fleuve Araxes
Jusqu'à Phasis, ou jusqu'à Oaxes,
Du froid climat soubz lequel sont les Getes,
Delà Ister jusques aux Massagetes;
Il n'en est point depuis les fiers Gelons
Jusqu' en Rhutie, et jusques aux Polons.
D'iceux sans plus est la France douée,
Où est la fleur sur toute autre louée,
Fleur de pourpris, fleur tousjours fleurissant,
Fleur de beauté naïve, fleur yssant
De Royal tyge et semence Royale,
Ceinte d'honneur, Celeste, Liliale,
Fleur qui les fruitz porte, dont à present

EPISTRE.

Ton humble serf, Dame, te fait present.
Congnois tu point la haulte et docte veine
De ma maistresse et ta mere la Royne?
Congnois tu point ses beaux vers mesurez,
Et ses escrits tous d'or, tous asurez?
Congnois tu point la douceur qui distile
De son divin et pyndarique style?
Certes sy fais, et si ce n'est assez,
De bref seront mieux qu'en or enchassez
Dens ton esprit ces escrits et les choses
Qui sont en eux soubz vers dorez encloses.
Là tu verras un esprit de vertu
Mieux que le corps de pourpre revestu,
Un tel esprit que de luy seul s'agrée
Sur tous le Ciel, et en luy se recrée,
Un esprit franc, nourry tant seulement
De pur Nectar, resonner clerement
Propos divins et motetz Angeliques.
Là tu verras des ditz plus que celiques,
Là tu verras des motz par millions
Plus reluysans que riches unions,
Et y verras au vif la voye painte
Qu'elle a suyvie et autre chose mainte,
Qui t'aydera quand y auras recours
A parfournir le louable discours
Qu'as commencé, suyvant du tout icelle
Qui de tous poincts à toute autre precelle.

C'est le Miroir où il fault regarder
Qui bien voudra du monde se garder ;
C'est le Miroir auquel qui bien se mire
De tout malheur et vice se retire,
Propre et requis pour bien se cointoyer,
Et pour l'esprit de taches nettoyer.
C'est le Miroir où Princesses et Dames
Doyvent mirer et les corps et les ames,
Comme tu fais, dont ce grant bien t'advient,
Que ton hault loz tousjours plus cler devient.
Face chasteaux qui voudra et theatres,
Arcs triumphans, thermes, amphitheatres,
Tours et dongeons, colosses monstrueux
D'or, bronze ou marbre, et palais sumptueux ;
Tout cela tombe et dechet en ruine
Avec le temps qui toute chose mine,
Consomme et gaste, et toute œuvre de main
Va perissant du jour à lendemain.
Mais, au rebours, tout ce qui prend sa source
De l'esperit tousjours demeure, pource
Qu'il est sans fin, et volontiers advient
Que le fruit tient de l'arbre dont il vient.
Les monumens que les esprits bastissent
N'ont jamais fin et jamais ne perissent.
Eau, gresle, foudre et tempeste n'ont point,
Ny feu, sus eux de puissance un seul poinct.
Donc ces escrits surpassans ceux d'Orphée

EPISTRE.

Sont le Colosse et louable Trophée,
La Pyramide où engravé sera
Jusques à tant que le Ciel cessera
L'immortel nom de celle MARGUERITE,
Qui de vertu la couronne merite,
Et de sçavoir; qui a oultrepassé
Tous les esprits du bon siecle passé;
D'autant que plus oultre le don de lettre
Et de doctrine, au Ciel elle penetre;
D'autant que plus sa royale Pallas
Garde et soustient, que le puissant Athlas,
Non pas le Ciel, mais bien sa fille aisnée
La Verité, qui est tant oppugnée,
Et les neuf Sœurs, qu'en vigueur elle tient,
Et contre tous les defend et maintient.
Or des vertus qui en elle reluysent,
Et des haults fruits que ses esprits produisent,
Raison veult bien qu'en sois totalement
Vraye heritiere, et desja vrayement
Chacun te juge estre la vraye Idée
De ses vertus et bonté collaudée.
De bonnes mœurs et d'honneur le fontal
Chacun te dit, et son pourtrait total.
Au demourant, de ses fruits agreables
J'en ay cueilly ceux cy, doux, delectables,
De sy bon goust que, les ayans goustez,
Tous appetis de nous seront ostez,

J'entens de mal, de peché et de vice.
  Or, desirant de te faire service,
Haulte Princesse, où tu puisses choisir
Non un vulgaire, ains eternel plaisir,
Je t'en fais offre, asseuré que la grace
Et la bonté d'iceux tout autre efface,
Et que trop plus ses sacrez monuments
Estimeras que vrays clers Diamants,
Que fins Rubis, ny que Perles d'eslite,
Et que l'odeur de ceste MARGUERITE
Satisfera à tes nobles esprits
Plus que nul autre, et mettras à mespris
Baume, Ambre et Musq, et l'Œillet et la Rose,
Et toutes fleurs que le hault Ciel arrose
Sur les matins, au temps que Zephyrus
Revoit Flora s'amye, et que Taurus
Est eschauffé de l'immortelle lampe
Du cler Titan, qui tout voit et attrempe,
Et que Progné vers nous se vient renger
Du chauld faschée en païs estranger.
Ces fruitz icy qu'ores, Dame, je t'offre
Point ne sont prins ny tirez de mon coffre :
Comme tu vois, telz doux fruitz honorez
Non d'une Haye, ains des haultes Forestz
Sont provenants ; tu n'as garde qu'on cueille
En ceste Haye autre chose que fueille,
Et quelques fruitz sy arres et petis,

Qu'ilz fascheroyent tous les bons appetis.
Il est bien vray certes qu'il pourroit estre
Qu'aucunesfois d'eux se viennent repaistre
Quelques Pinsons, quelques petis Serins,
Quelque Linotte, et parfois des Tarins;
Mais les oyseaux qui sont de hault parage
N'abaissent pas ny l'œil ny le courage
Jusques à là, voire n'estiment pas
Dignes ces fruitz d'en prendre un seul repas.
Et toutesfois tant m'a esté Fortune
Benigne, douce, humaine et oportune,
Que le Phenix de nostre siecle heureux
Les a trouvez quelquefois savoureux,
Et luy a pleu bien souvent par sa grace
Jetter ses yeux et sa Royale face
Sur ceste Haye et la prendre pour soy,
Et la cherir, si trop ne me deçoy.
Ce Phenix là, noble heureuse Princesse,
C'est pour certain la Royne ma maistresse.
Donc puis que tant d'honneur, de bien et d'heur
M'est advenu, que souvent sa grandeur
Va regardant sus la petite Haye,
Le plus ardent desir et soing que j'aye,
C'est d'obeïr et servir humblement,
De tout mon cœur, non elle seulement,
Mais vous aussi. Car qui Phebus adore,
La raison veult que Cinthie il honnore,

Qui tient de luy sa divine beauté
Et sa vertu et divine clarté.
Or, s'il advient qu'un jour les rainseaux croissent
De ceste Haye, et qu'en hault ilz se dressent
Par la faveur de voz astres luysans,
Je te feray un present tous les ans
Des meilleurs fruits, et de mes sacrifices
Crois que toy seule en auras les premices
Et le plus bon; le surplus j'offrirois
A Juppiter, quand tu le souffrirois.
Regarde donc de ton œil favorable
Sus ceste Haye, et luy sois secourable.
Ja est passé son Printemps et Esté,
Et toutesfois pour cela n'a esté
Plus erigée; et voicy son Automne
Et son Hyver, dont point je ne m'estonne,
Car espoir j'ay qu'avant y parvenir
Tu la feras sy forte devenir
Par ta bonté, que pluye, neige et gresle,
Et froid et chauld ne pourront rien sur elle,
Et qu'en Hyver, alors qu'on voit mourir
Toutes les fleurs, tu la feras flourir.
Or le Seigneur qui les deux hemispheres
Va gouvernant, ainsi de tes affaires
Soit directeur; ainsi soyent en bref temps
Tes clers esprits et tes beaux yeux contens;
Voyans le Roy qui de ce puissant regne

Tient et conduit sy sagement la resne,
Apres avoir, comme le vray soustien
De toute Europe et du peuple Chrestien,
Les Turcs cruelz de sa forte main dextre,
Et à la lance et à la main adextre,
Mis soubz le joug, après avoir soubmis
Les Espagnolz et tous ses ennemis,
Faire flourir en la France les Muses,
Et Delius, auquel point ne t'amuses,
Et des François le magnanime cœur
Rendre en sçavoir, comme en armes vainqueur !
Ainsi te soit gardé le Roy ton pere,
Cent et cent ans en fortune prospere ;
Ainsi ne soit de cent ans obscurcy
Ton vray Soleil, voire le nostre aussi ;
Ta mere illustre, et tard au Ciel montée,
Soit par dessus toute estoille boutée ;
Ainsi ton chef, d'honneur environné,
Soit d'un grand Roy, ton espoux, couronn !

AUX DAMES DES VERTUS

DE LA TRESILLUSTRE ET TRESVERTUEUSE PRINCESSE

MARGUERITE DE FRANCE,

ROYNE DE NAVARRE,

DEVOTEMENT AFFECTIONÉES.

M. SC.

BIEN *que je sois la plus clere d'icy,*
Je ne reluys penetramment qu'en l'eau :
Ou du bas Monde un seul Royal cerveau
Çà hault me passe, et les neuf cieux aussi ;
Qui me fait croire (et croire fault ainsi)
  Que quand çà sus son esprit cler et beau
  Retournera pur intellect nouveau,
  Il te rendra, Phœbus, moins esclercy.
Cecy chantant Dyane entre les dieux
  Disoit encor : Et en sa bonne grace
  Je m'y plairay, et tous l'advouerez.
Parquoy ayant, Dames, devant voz yeux
  Ces rayz tressaintz de sy haulte efficace,
  En les louant nostre honneur louerez.

MARGUERITE DE FRANCE,

PAR LA GRACE DE DIEU

ROYNE DE NAVARRE,

AU LECTEUR.

S i vous lisez ceste œuvre toute entiere,
Arrestez vous, sans plus, à la matiere,
En excusant la rhythme et le langage,
Voyant que c'est d'une femme l'ouvrage,
Qui n'a en soy science, ne sçavoir,
Fors un desir, que chacun puisse voir
Que fait le don de DIEU *le Createur,*
Quand il luy plaist justifier un cœur :
Quel est le cœur d'un homme, quant à soy,
Avant qu'il ayt receu le don de Foy,
Par lequel seul l'homme a la congnoissance
De la Bonté, Sapience et Puissance.
Et aussi tost qu'il congnoit Verité,
Son cœur est plein d'Amour et Charité.

Ainsi bruslant, perd toute vaine crainte,
Et fermement espere en DIEU *sans feinte.*
Ainsi le don que liberalement
Le Createur donne au commencement
N'ha nul repos, qu'il n'ayt deïfié
Celuy qui s'est par Foy en DIEU *fié.*

Pseau. 81. *O l'heureux don, qui fait l'homme* DIEU *estre,*
Et posseder son tant desirable Estre.
Helas! jamais nul ne le peult entendre,
Si par ce don n'a pleu à DIEU *le prendre.*
Et grand'raison ha celuy d'en douter,
Si DIEU *au cœur ne luy a fait gouster.*

Mais vous, Lecteurs de bonne conscience,
Je vous requiers, prenez la patience
Lire du tout ceste œuvre qui n'est rien,
Et n'en prenez seulement que le bien.
Mais priez DIEU, *plein de bonté naïve,*
Qu'en vostre cœur il plante la Foy vive.

LE MIROIR

DE

L'AME PECHERESSE.

Seigneur Dieu crée en moy cœur net. Pseau. 50.

Où est l'Enfer remply entierement
De tout malheur, travail, peine et tourment?
Où est le puitz de malediction,
D'où sans fin sort desesperation?
Est-il de mal nul sy profond abysme
Qui suffisant fust pour punir la disme
De mes pechés, qui sont en sy grand nombre
Qu'infinité rend sy obscure l'ombre
Que les compter ne bien voir je ne puys?
Car trop avant avecques eux je suis.

Et qui pis est, je n'ay pas la puissance
D'avoir d'un seul, au vray, la congnoissance.
Bien sens en moy que j'en ay la racine,
Et au dehors ne voy effect ne signe,
Qui ne soit tout branche, fleur, fueille et fruit,
Que tout autour de moy elle produit.
   Si je cuyde regarder pour le mieux,
Me vient fermer une branche les yeux;
Tombe en ma bouche, alors que veux parler,
Le fruit par trop amer à avaller.
Si pour ouyr mon esperit s'esveille,
Fueilles à tas entrent en mon oreille;
Aussi mon nez est tout bousché de fleurs.
Voila comment en peine, criz et pleurs,
En terre gist sans clarté ne lumiere
Ma chetive ame, esclave et prisonniere,
Les piedz liez par sa concupiscence,
Et les deux bras par son acoustumance.
En moy ne gist le povoir du remede,
Force je n'ay pour bien crier à l'aide.
   Bref, à jamais, à ce que je peux voir,

Jean 1. *Espoir aucun de fin ne dois avoir;*
Mais sa grace, que ne puys meriter,
Qui peult de mort chacun resusciter,
Par sa clarté ma tenebre illumine;
Et sa vertu, qui ma faulte examine,
Rompant du tout le voile d'ignorance,

Me donne au vray bien clere intelligence
Que c'est de moy, et qui en moy demeure,
Et où je suis, et pourquoy je labeure :
Qui est celuy, lequel j'ay offensé,
Auquel sy peu de servir j'ay pensé.
Parquoy il fault que mon orgueil r'abaisse,
Et qu'humblement en plorant je confesse
Que, quant à moy, je suis trop moins que riens :
Avant la vie boue, et apres fiens ;   Iob. 10 et Gene. 8.
Un corps remply de toute promptitude
A faire mal, sans vouloir autre estude ;
Subjet à mal, ennuy, douleur et peine,
Vie tresbrefve et la fin incertaine ;   Iob. 14.
Qui soubz peché par Adam est vendu,   Rom. 5, 7.
Et de la Loy jugé d'estre pendu.   1. Cor. 15.

  Car d'observer un seul commandement   Psal. 31.
Il ne m'advint en ma vie vrayment.
En moy je sens la force du peché,   Roma. 7.
Dont moindre n'est mon mal d'estre caché :
Tant plus dehors se cele et dissimule,
Plus dens le cœur s'assemble et accumule.
Ce que DIEU *veult, je ne le puis vouloir ;*   Roma. 7.
Ce qu'il ne veult, souvent desire avoir :
Qui me contraint par ennuy importable,
De ce fascheux corps de mort, miserable,
Desirer voir la fin tant desirée,
Estant la vie esteinte et dessirée.

Qui sera ce qui me delivrera,
Et qui tel bien pour moy recouvrera ?
Las ! ce ne peult estre un homme mortel,
Car leur povoir et sçavoir n'est pas tel :
Mais ce sera la seule bonne grace
Du Toutpuissant, qui jamais ne se lasse,
Rom. 5. Par JESUS CHRIST, duquel il se recorde,
Nous prevenir par sa misericorde.
Las ! quel maistre, sans avoir desservy
Nul bien de luy, mais l'ayant mal servy,
Et sans cesser offensé chacun jour,
A mon secours ne fait pas long sejour.
Il voit le mal que j'ay, quel et combien,
Miere. 10. Et que de moy je ne puis faire bien ;
Mais, cœur et corps, sy enclin au contraire,
Que nul povoir ne sens, que de mal faire.

Il n'attend pas qu'humblement je le prie,
Ne que voyant mon enfer à luy crie :
Rom. 8. Par son Esprit fait un gemissement
Dens mon cœur, grand inenarrablement ;
Et postulant le don, dont le sçavoir
Est incongnu à mon foible povoir.
Et lors soudain cest ignoré souspir
Me va causant un tout nouveau desir,
En me monstrant le bien que j'ay perdu
Par mon peché, lequel bien m'est rendu
Et redonné par sa grace et bonté,

Qui tout peché a vaincu et domté.

O Monseigneur, et quelle est celle grace,
Quel est ce bien qui tant de maux efface?
Vous estes bien remply de toute amour,
D'ainsi me faire un sy honneste tour.

Helas! mon DIEU, *je ne vous cerchois pas,*
Mais vous fuyois en courant le grand pas;
Et vous ça bas à moy estes venu,   Jean 3.
A moy, qui suis ver de terre tout nud.

Que dy je ver? je luy fais trop d'injure :
A moy qui suis tant infame et parjure,
D'orgueil remply par mondaine raison,
De faulseté, malice et trahison.

Ce qu'ont promis mes amys au baptesme   Psal. 118.
Et que depuis j'ay confermé moymesme
(Qui est sans fin de vostre passion   Roma. 6.
Sentir en moy mortification,   Psal. 43.
Estre tousjours avecques vous en croix,
Où vous avez cloué, comme je crois,
Et rendu mortz la Mort et tout peché,   Roma. 6.
Que souvent j'ay reprins et detaché),
Rompu je l'ay, denyé et faulsé,
Ayant sy fort ma volunté haulsé,
Par un orgueil plein d'indiscretion,
Que mon devoir et obligation
Estoit du tout oublié par paresse.
Et qui plus est, le bien de la promesse   Marc 16.

Que j'euz de vous le jour de mon baptesme,
Et vostre amour, j'en ay fait tout de mesme.
  Que diray je? Encores que souvent
Apoca. 3. De mon malheur vous vinsiez au devant.
En me donnant tant d'advertissementz
Par parole, par Foy, par sacrementz,
M'admonnestant par predication,
Me consolant par la reception
De vostre corps tresdigne, et sacré sang,
Me promettant de me remettre au rang
Des bienheureux en parfaite innocence.
J'ay tous ces biens remis en oubliance;
Souvent vous ay ma promesse rompue,
Car trop estoit ma povre ame repue
De mauvais pain et damnable doctrine,
En desprisant secours et medecine :
Et quand aussi l'eusse voulu querir,
Nul ne congnois qu'eusse peu requerir;
Car il n'y a homme, ny saint, ny ange,
Par qui le cœur jamais d'un pecheur change
  Las! bon JESUS, voyant ma cecité,
Et que secours en ma necessité
Actes 4. Ne puis avoir d'aucune creature,
De mon salut avez fait l'ouverture.
Quelle bonté, mais quelle grand' douceur!
Est il pere à fille, ou frere à sœur,
Qui un tel tour jamais eust voulu faire,

Tant fust il doux, piteux et debonnaire :
Venir d'enfer mon ame secourir,   1. Jean 4.
Où contre vous elle vouloit perir?
Sans vous aymer, las! vous l'avez aymée.
O charité ardente et enflammée,
Vous n'estes pas d'aymer froid ne remis,
Qui aymez tous, voire voz ennemis ;   Roma.
Non seulement leur voulant pardonner
Leur grefve offense, ains vous mesmes donner
Pour leur salut, liberté, delivrance,
A mort et croix, travail, peine et souffrance.

  Quand j'ay pensé qui est l'occasion
Dont vous m'aymez, rien que dilection   Ephe. 2.
Je n'y puis voir, qui vous mesmes incite
A me donner ce que je ne merite.

  Donques, mon DIEU, *à ce que je puis voir,*
De mon salut le gré ne doy sçavoir   1. Tim. 1.
Fors à vous seul, à qui j'en doy l'honneur,
Comme à mon DIEU, *Sauveur et Createur.*
Mais qu'est cecy? Pour moy vous faites tant,
Et nonobstant vous n'estes pas content
De m'avoir fait de mes pechés pardon,
Et d'abondant, de la grace le don.   Ephe. 2.

  Bien suffiroit, saillant de tel danger,
De me traiter ainsi qu'un estranger.
Mais comme sœur mere (si dire l'ouse)
Traitez mon ame, et ainsi comme espouse.

Luc 15. *Moy, Monseigneur, moy, qui digne ne suis*
Pour demander du pain, approcher l'huis
Du treshault lieu où est votre demeure!
Et qu'est cecy? Tout soudain en ceste heure
Daigner tirer mon ame en tell' haultesse
Qu'elle se sent de mon corps la maistresse!
Philip. 4. *Elle povrette, ignorante, impotente,*
Se sent en vous riche, sage et puissante,
Pour luy avoir au cœur escrit le rolle
De vostre Esprit et sacrée Parole,
En luy donnant Foy pour la recevoir,
Qui luy a fait vostre filz concevoir;
En le croyant homme, DIEU, *Salvateur,*
Roma. 5. *De tous pecheurs le vray restaurateur.*
Parquoy daignez l'asseurer qu'ell est Mere
De vostre filz, dont vous estes seul Pere.
  Et qui plus est, mon DIEU, *voicy grand cas,*
De faire bien vous ne vous lassez pas;
Quand vostre filz plein de divinité
Philip. 2. *A prins le corps de nostre humanité*
Et s'est meslé avecques nostre cendre :
Ce que sans Foy nul ne pourroit entendre,
Il vous a pleu de nous tant l'approcher
Qu'il s'est uny avecques nostre chair;
Qui le voyant (comme soy) nommé homme,
Se dit sa Sœur, et Frere elle le nomme.
Bien doit avoir le cœur ferme et asseur

Qui de son DIEU *se peult dire la Sœur.*
Apres, venez par grand' dilection
Luy declarer que sa creation
N'est seulement que par le bon vouloir
Qu'il vous a pleu tousjours à elle avoir,
En l'asseurant qu'avant son premier jour,   Ephe. 1.
La prevoyant, y avez eu amour.

  Par celle amour engendrée l'avez,
Comme vous seul bien faire le sçavez ;
Et puis apres dens ce corps l'avez mise,
Non pour dormir, ne pour estre remise,
Mais pour tous deux n'avoir autre exercice
Que de penser à vous faire service :
Alors luy fait bien sentir Verité
Qu'en vous y a vraye paternité.

  O quel honneur, quel bien et quelle gloire
A l'ame qui sans cesse ha la memoire
Qu'elle de vous est fille ! Et vous nommant
Pere, elle fait vostre commandement.
Qu'y a il plus ? est ce tout ? Helas! non :
Il vous plaist bien luy donner autre nom,
Vostre Espouse la nommer, et de vous,
Vous appeller son mary et espoux ;
Luy declarant comme de franc courage   Osee. 2.
Avez juré d'elle le mariage.
Fait luy avez au Baptesme promesse
De luy donner vostre bien et richesse.

     Ses maux prenez, car riens que peché n'ha,
     Lequel Adam son pere lui donna.
1. Pierre 2. Donques ne sont ses thresors que pechés,
     Lesquelz sur vous vous avez attachez ;
     Entierement avez payé sa debte,
     Et de voz biens et tresgrande recepte,
     L'avez sy bien enrichie et douée
     Que se sentant de vous femme advouée,
     Quitte se tient de tout ce qu'elle doit,
     Peu estimant ce que ça bas ell' voit.
     Son pere vieil, et tous les biens qu'il donne,
     Pour son espoux de bon cœur abandonne.
     Vraiment, mon DIEU, mon ame est bien gastée,
     Estre par vous de tel bien appastée,
     Et de laisser le plaisir de la terre
     Pour l'infiny, là où est paix sans guerre.
     Je m'esbahis que tout soudainement
     Elle ne sort de son entendement.
     Je m'esbahis qu'elle ne devient folle
     En perdant sens, contenance et parole.
     Que puis je, helas ! ô mon Pere, penser ?
     Osera bien mon esprit s'avancer
     De vous nommer Pere ? Ouy, et nostre :
Matth. 6. Ainsi l'avez dit en la Patenostre.
     Or Pere donc, mais vostre fille, quoy,
     L'avez vous dit ? Mon DIEU, dites le moy.
     Helas ! ouy, quand par grande douceur

Dites : *Fille, prestez moy vostre cœur ;*   Proverbe 2.
O mon Pere, en lieu d'en faire prest,
De se donner à vous du tout est prest :
Recevez le et ne vueillez permettre
Que loing de vous nully le puisse mettre.
Et qu'à jamais en fermeté loyale
Il vous ayme d'une amour filiale.

   Mais, Monseigneur, si vous estes mon Pere,
Puis je penser que je suis vostre Mere ?
Vous engendrer, vous, par qui je suis faite,
C'est bien un cas dont ne sçay la deffaitte ;
Mais la raison à ma doute bien meites,
Quand en preschant, estendant voz bras, distes :
Ceux qui feront le vouloir de mon Pere,   Matth. 12.
Mes freres sont, et ma sœur, et ma mere.
Donques je croy qu'en oyant ou lisant
La parolle que vous estes disant,
Et qu'avez dit par voz Saintz et Prophetes,
Et qu'encores par voz bons prescheurs faites ;
En la croyant, desirant fermement
De l'accomplir du tout entierement,
Que par amour je vous ay engendré :
Donques sans peur, nom de Mere prendray.
Mere de DIEU, *douce vierge Marie,*
Ne soyez pas de ce titre marrie.
Nul larrecin ne fais, ny sacrilege,
Rien ne pretens sur vostre privilege :

Car vous (sans plus) avez sur toute femme
<small>Luc 1.</small> Receu de luy l'honneur sy grand, ma dame,
Que nul esprit de soy ne peult comprendre,
Comme a voulu en vous nostre chair prendre.
 Et mere et vierge estes parfaitement,
Avant, apres, et en l'enfantement.
En vostre saint ventre l'avez porté,
Nourry, servy, allaicté, conforté ;
Suivy avez ses predications,
L'accompagnant en tribulations.
<small>Luc 1.</small> Bref, vous avez de DIEU trouvé la grace,
Que l'ennemy par malice et fallace
Avoit du tout fait perdre, en verité,
Au povre Adam et sa posterité.
<small>Rom. 5.</small> Par Eve et luy nous l'avions tous perdue,
<small>Jean 1.</small> Par vostre filz elle nous est rendue.
<small>Luc 1.</small> Vous en avez esté pleine nommée,
Dont n'en est pas faulse la renommée.
Car de vertuz, et de grace, et de dons
Faute n'avez, puis que le bon des bons,
Et la source de bonté et puissance
(Qui vous a faite en sy pure innocence
Que de vertuz à tous estes exemple)
A fait de vous sa demeure et son Temple.
En vous il est par amour confermée,
Et vous en luy ravie et transformée.
De cuyder mieux vous louer, c'est blaspheme.

Il n'est louenge telle que de DIEU *mesme.*
　Foy avez eu sy tresferme et constante,
Qu'elle a esté par la grace puissante
De vous faire du tout deïfier.
Parquoy ne veux cuyder edifier
Louenge à vous plus grande que l'honneur
Que vous a fait le souverain Seigneur :
Car vous estes sa mere corporelle,
Et mere encor par Foy spirituelle.
Mais, en suyvant vostre Foy humblement,
Mere je suis spirituellement.
　Mais, mon Sauveur, de la fraternité
Qu'avez à moy par vostre humilité,
M'appelant sœur, en avez vous rien dit ?
Helas ! ouy, car du pere maudit
Avez rompu la filiation
En me nommant fille d'adoption.
　Or donques, puis que nous n'avons qu'un Pere,
Je ne craindray de vous nommer mon frere.
Vous l'avez dit en lieu bien autentique,
Par Salomon, en vostre doux cantique;
Disant : « *Ma sœur, tu as navré mon cœur,*　　Cantique 4.
Tu as navré mon cœur par la douceur
D'un de tes yeux et d'un de tes cheveux. »
Las ! mon doux frere, autre bien je ne veux
Que, vous navrant, navrée me sentir
Par vostre amour, bien m'y veux consentir.

Pareillement espouse me clamez
En ce lieu là, monstrant que vous m'aymez,
Et m'appellez, par vraye amour jalouse,
Cantique 2. Vostre Colombe, et aussi vostre Espouse.
Parquoy diray, par amoureuse Foy,
Qu'à vous je suis, et vous estes à moy.
Vous me nommez amye, espouse et belle ;
Si je le suis, vous m'avez faite telle.
Las ! vous plaist il telz noms me departir ?
Dignes ilz sont de faire un cœur partir,
Mourir, brusler par amour importable,
Pensant l'honneur trop plus que raisonnable.
Mere, comment mere ? las ! de quel enfant ?
C'est d'un tel filz, que tout le cœur m'en fend.
Mon filz, mon DIEU, ô JESUS, quel langage !
Et pere, et fille, ô bienheureux lignage !
Que de douceur, que de suavité
Me va causant ceste paternité !
Mais quell' amour doy je avoir ? filiale.
Quelle crainte ? bien reverentiale.
Mon Pere, quoy ? voire et mon Createur,
Psal. 26, 30 Mon protecteur et mon conservateur.
Vostre sœur ? las ! voicy grand' amitié.
Or, fendez vous, mon cœur, par la moitié,
Et faites place à ce frere tant doux,
Et que luy seul soit enfermé en vous
Sans qu'autre nom jamais y tienne lieu,

Fors JESUS seul, mon frere, filz de DIEU ;
A nul autre ne veux rendre la place,
Pour batterie ou mine qu'on me face.
  Gardez mon cœur, mon frere, mon amy,
Et n'y laissez entrer vostre ennemy.
O mon bon frere, enfant, pere et espoux,
Les jointes mains humblement à genoux,
Graces vous rendz, mercy, gloire et louenge,
Dont il vous plaist, moy terre, cendre et fange,
A vous tourner et mon cœur convertir ;
Et sy tresbien de grace me vestir
Et me couvrir, que mes maux et pechés
Ne voyez plus, tant les avez cachez :
Si que de vous semblent en oubly mis,
Voire et de moy qui les ay tous commis.
Foy et amour m'en donnent oubliance,
Mettant du tout en vous seul ma fiance.
  Donc, ô mon Pere ! où gist amour non feinte, Jaques 5.
De quoy fault il qu'en mon cœur j'aye crainte ?
Je recongnois avoir fait tous les maux
Que faire on peult ; et que rien je ne vaux,
Et que vous ay, comme l'enfant prodigue,
Abandonné, suyvant la folle ligue,
Où despendu j'ay toute ma substance,
Et tous voz biens receuz en abondance ;
Mais povreté m'a seiché comme fein,
Et mon esprit rendu tout mort de faim,

   Cerchant manger le relief des Pourceaux,
   Mais peu de goust trouvois en telz morseaux.
   Dont en voyant mon cas mal attourné,
Jean 6. *Mon Pere, à vous, par vous, suis retourné.*
Luc 15. *Las! j'ay peché au Ciel et devant vous;*
   Digne ne suis (je le dis devant tous)
   Me dire enfant; mais, Pere debonnaire,
   Ne me fais pis que à un mercenaire.
    Las! qu'est cecy? pas n'avez attendu
   Mon oraison, mais avez estendu
   La dextre main, me venant recevoir,
   Quand ne pensois que me daignissiez voir.
    En lieu d'avoir par vous punition,
   Vous m'asseurez de ma salvation.
   Ou est celuy donc qui me punira
   Quand mon peché mon Dieu luy niera?
   Juge n'est point qui puisse condemner
   Nul, puis que DIEU *ne le veult point damner.*
   Doute je n'ay d'avoir faute de biens,
   Puis que mon DIEU *pour mon Pere je tiens.*
   Mon ennemy nul mal ne me fera,
   Car son povoir mon Pere deffera.
   Si je doy rien, il rendra tout pour moy;
   Si j'ay gaigné la mort, luy, comme Roy,
   Me donnera grace et misericorde,
   Me delivrant de prison et de corde.
    Mais voicy pis: Quelle mere ay je esté,

Apres avoir par Foy et seureté
Receu le nom de vraye et bonne mere!
Trop je vous ay esté rude et amere;
Car vous ayant conceu et enfanté,
Laissant raison subjette à volunté,
Sans vous garder, je me suis endormie,   3. des Roys.
Et donné lieu à ma grande ennemie,
Qui en la nuict d'ignorance, en dormant,
Vous a robbé pres de moy : finement
En vostre lieu m'a mis le sien tout mort.
Perdu vous ay, qui m'est un dur remord,
Perdu vous ay, par ma faute, mon filz,
Car trop de vous mauvaise garde feiz.
  Ma voisine, ma sensualité
En mon dormir de bestialité
Privée m'a de vous par son envie,
En me donnant un autre enfant sans vie,
Qui est Peché, duquel je ne veux point.
Je le quitte du tout, voyla le poinct.
Elle m'a dit qu'il est mien; c'est à elle :
Car aussi tost que vins à la chandelle
De la grace, que vous m'avez donnée,
Je congnuz bien ma gloire estre tournée,
Voyant le mort, n'estre mien; car le vif
Qu'elle avoit prins estoit le mien naïf.
Entre JESUS *et Peché est le change*
Trop apparent. Mais voicy cas estrange :

Ceste vieille me feit le mort tenir,
Qu'elle dit mien et le veult maintenir.
  O juge vray, Salomon veritable,
Ouy avez le procez lamentable
Et ordonné, contentant les parties,
Que mon enfant fust mist en deux parties.
A cela s'est la traistresse accordée;
Mais quand me suis de mon filz recordée,
Plus tost en veux souffrir privation,
Que de son corps la separation :
Car vraye amour bien parfaite et ardente
De la moitié jamais ne se contente.
J'ayme trop mieux du tout pleurer ma perte
Que de l'avoir à demy recouverte.
Peu satisfait aurois à mon envie,
Si la moytié de luy avois sans vie.
Las! donnez luy plus tost l'enfant vivant.
Bien meilleur m'est que je meure devant,
Que de souffrir JESUS CHRIST *divisé.*
Mais, Monseigneur, mieux avez advisé;
Car en voyant mon mal en tout endroit,
Et que plus tost renonçois à mon droit
Que de souffrir cruauté sy amere,
3. des Roys. *Distes de moy : Ceste est la vraye mere;*
En me faisant mon enfant rebailler,
Pour qui voyez mon cœur tant travailler.
  O doux JESUS, *vous ay je retrouvé;*

Après avoir par ennuy esprouvé
Si vous aymois; moy qui vous ay perdu,
A moy mesmes vous vous estes rendu.
Las, daignez vous à celle revenir,
Qui par peché ne vous a peu tenir?
Mon doux enfant, mon filz, ma nourriture,
De qui je suis treshumble creature,
Ne permettez que jamais je vous laisse :
Car du passé me repens et confesse.

 Or venez donc, ma sensualité,
Venez, pechés de toute qualité ;
Vous n'avez pas povoir par nul effort
De me faire recevoir l'enfant mort :
Celuy que j'ay est fort pour me defendre,   Pseau. 23.
Qui mesmes luy ne se lais'ra plus prendre.
Desja est grand et plus fort que nul homme ;
Parquoy je puis dormir et prendre somme
Aupres de luy : car tout bien regardé,
Me gardera mieux que ne l'ay gardé.
Bien reposer me puis donc, ce me semble.

 O quel repos de mere et filz ensemble !
Mon doux enfant, mon DIEU, honneur et gloire
Soit à vous seul, et à chacun notoire,
De ce qu'il plaist à vostre humilité,
Moy, moins que rien, toute nichilité,
Mere nommer; plus est le cas estrange,
Et plus en ha vostre bonté louenge.

Plus que jamais à vous me sentz tenue,
Dont il vous plaist, Sœur m'avoir retenue.
Sœur je vous suis ; mais c'est sœur sy mauvaise,
Que mieux pour moy vault que ce nom je taise :
Car oubliant l'honneur du parentage,
L'adoption de sy noble lignage,
Vostre tant doux et fraternel recueil,
Montée suis contre vous en orgueil.
De mes forfaitz ne me suis recordée ;
Mais m'esloingnant de vous, suis accordée

Nomb. 12. *Avec Aaron, mon frere, en trahison,*
Voulant donner à voz œuvres raison,
En murmurant de vous tout en secret :
Qui me devroit donner un grand regret.
 Helas ! mon DIEU, *mon frere et vray Moïse,*
Tresdebonnaire et tresdoux sans feintise,
Qui faites tout en bonté et justice,
J'ay estimé voz œuvres estre vice,
Et dire osant par façon trop legere :
Pourquoy av'ous espousé l'estrangere ?
Vous nous donnez Loy et punition
Sans y vouloir avoir subjection.
Vous nous faites de mal faire defense,
Et pareil mal faites sans conscience.
Vous defendez de tuer à chacun ;
Mais vous tuez, sans espargner aucun

Exod. 32. *De vingt trois mil, que vous feistes defaire.*

Commandement DIEU par vous nous feit faire,
De n'espouser fille de l'estranger;
Mais vostre espouse en prinstes sans danger.
Mon frere, helas! tant de telles paroles,
Que je congnois et sçay bien estre foles,
Avec Aaron (qui est mon propre sens)
Je vous ay dit: dont le regret j'en sentz.
Mais par grace la vive voix de DIEU
Bien me reprint avant partir du lieu.
Que feistes vous alors? de mon peché,
Las! mon frere, vous fustes empesché;
Non pour prier pour ma punition,   Nomb. 12.
Mais pour mon bien et ma remission,
En demandant pour tresgrand benefice
Qu'il pleust à DIEU mitiguer sa justice:
Ce que du tout ne peustes obtenir,
Car me convint lepreuse devenir,
A celle fin qu'en voyant mon visage
Chacun congnust que n'avois esté sage.
 Ainsi je fuz mise, comme ladresse,
Dehors du parc du peuple et de la presse :
Car mieux ne peult une ame estre punie,
Que d'eslongner la sainte compaignie
Des vertueux, fideles, bons et saintz,
Qui par peché ne sont ladres, mais sains.
Mais qu'av'ous fait, voyant ma repentance?
Tost avez mis fin à ma penitence;

Par vraye amour, en vous non sejournée,
Avez prié ; et je suis retournée.
 O frere doux, qui en lieu de punir
Sa folle sœur, la veult à luy unir,
Et pour murmure, injure ou grande offense,
Grace et amour luy donne en recompense.
C'est trop, c'est trop, helas! c'est trop, mon frere ;
Point ne devez à moy sy grans biens faire.
J'ay fait le mal, vous me rendez le bien ;
Vostre je suis, et vous vous dites mien ;
Vostre je suis, et vostre doublement,
Et estre veux vostre eternellement.
Plus je ne crains d'Aaron la grand' folie ;
Nul ne sera, qui de vous me deslie.
 Or puis que frere et sœur ensemble sommes,
Il me chault peu de tous les autres hommes ;

Pseau. 26. Vostre terre, c'est mon vray heritage ;
Ne faisons plus, s'il vous plaist, qu'un mesnage.
Puis qu'il vous plaist tant vous humilier,
Que vostre cœur avec le mien lier,
En vous faisant homme naïvement,
Je vous en rendz graces treshumblement ;
Comme je doy n'est pas en ma puissance :
Prenez mon cœur, excusez l'ignorance.
Puis que je suis de sy bonne maison
Et vostre sœur, mon DIEU, j'ay bien raison
De vous louer, aymer, servir sans feindre,

Et rien, fors vous, ne desirer ne craindre.
Gardez moy donc, à vous me recommande :
Point d'autre frere ou amy ne demande.

 Si pere a eu de son enfant mercy,
Si mere a eu pour son filz du soucy,
Si frere à sœur a couvert le peché,
Je n'ay point veu, ou il est bien caché,
Que nul mary, pour à luy retourner,
Ayt à sa femme onc voulu pardonner.
Assez en est qui pour venger leur tort,
Par jugement les ont fait mettre à mort.
Autres, voyans leur peché, tout soudain
A les tuer n'ont espargné leur main.
Autres, voyans leurs maux trop apparentz,
Renvoyées les ont chez leurs parentz.
Autres, cuydans punir leur mauvais tour,
Enfermées les ont dens une tour.
Bref, regardez toutes complexions,
La fin n'en tend qu'à grands punitions.
Et le moins mal que j'en ay peu sçavoir,
C'est que jamais ilz ne les veulent voir.
Plus tost feriez tourner le firmament
Que d'un mary faire l'appointement,
Quand il est seur du peché qu'elle a fait,
Pour l'avoir veüe ou prinse en son meffait.

 Parquoy, mon DIEU, nulle comparaison,
Ne puis trouver en nul temps ne saison ;

Mais par amour, qui est en vous sy ample,
Estes icy seul et parfait exemple.
   Icy, mon DIEU, plus que jamais confesse
Que je vous ay faulsé foy et promesse.
Osee 2. Las! espouse m'aviez constituée,
Et en l'estat d'honneur restituée;
(Mais quel honneur? d'estre au lieu de l'espouse,
Qui doucement pres de vous se repouse :
De tous voz biens, royne, maistresse et dame,
En seureté d'honneur, de corps et d'ame),
Vilaine moy, ce que fault que n'oublie,
Par vous tresnoble, noblement anoblie.
Bref, plus et mieux qu'on ne peult desirer
Avois de vous ; dont sans fin souspirer
Doit bien mon cœur, jusqu'à partir du corps.
Pseau. 94. Et par plourer mes yeux saillir dehors.
Trop ne pourroit ma bouche faire criz,
Veu que nouveaux ny anciens escritz
N'ont jamais fait sy piteux cas entendre,
Comme celuy dont compte je veux rendre.
Le diray je? l'oseray je annoncer?
Le pourray je sans honte prononcer?
Ezech. 36. Helas! ouy, car ma confusion
Est pour monstrer la grand' dilection
De mon Espoux; parquoy je ne fais compte,
Pour son honneur, de declarer ma honte.
   O mon Sauveur, pour moy mort crucifix,

Ce fait n'est tel que de laisser un filz,
Ny, comme enfant, son bon pere offenser,
Ny, comme sœur, murmurer et tenser.
Las, c'est bien pis; car, plus grande est l'offense,
Ou plus y a d'amour et congnoissance,
Plus on reçoit de son DIEU privauté,
Plus luy faillir est grand' desloyauté.

   Moy, qui estois nommée espouse et femme,
De vous aymée comme vostre propre ame,
En diray je la verité? ouy.
Laissé vous ay, oublié et fouy.
Laissé vous ay, pour suyvre mon plaisir;
Laissé vous ay, pour un mauvais choisir.
Laissé vous ay, source de tout mon bien,
Laissé vous ay, en rompant le lien
De vraye amour et loyauté promise.
Laissé vous ay; mais où me suis je mise?
Au lieu où n'a que malediction.
Laissé vous ay, l'amy sans fiction,
L'amy de tous digne d'estre estimé,
L'amy aymant premier que d'estre aymé.
Laissé vous ay, ô source de bonté,
Par ma mauvaise et seule volunté.
Laissé vous ay, le beau, le bon, le sage,
Le fort de bras et le doux de courage.
Laissé vous ay, et, pour mieux me retraire   Deuter. 32.
De Vostre amour, ay prins vostre contraire.

     C'est l'Ennemy, et le Monde, et la Chair,
     Qui sur la croix vous ont cousté sy cher,
Galat. 4. Pour les convaincre, et mettre en liberté
     Moy, qui par eux long temps avois esté
     Dens la prison, esclave, et tant liée,
     Que ne povois plus estre humiliée,
     Et qui me suis de tous trois acointée,
     Et de tous cas avec eux appointée.
     Et propre amour, qui trop est faulse et feinte,
     A Charité de vous en moy esteinte,
     Tant que le nom de JESUS mon espoux,
     (Que par avant j'avois trouvé si doux)
Proverbe 2. Avois quasi en hayne et fascherie,
     Et bien souvent en faisois moquerie.
     Si lon disoit en oyant un sermon :
     Il a bien dit, je respondois : Ce a mon.
     La parole s'en voloit comme plume.
     A l'Eglise n'allois que par coustume.
     Tous mes beaux faitz n'estoyent qu'hipocrisie,
     Car j'avois bien ailleurs ma phantasie.
     Il m'ennuyoit d'ouyr de vous parler;
     J'aymois bien mieux à mon plaisir aller.
       Pour faire court, tout ce que defendez
     Je le faisois, et ce que commandez
     Je le fuyois et le trouvoye amer,
     Tout par faulte, mon DIEU, de vous aymer.
       Mais, Monseigneur, pour vous avoir hay,

Abandonné, laissé, fuy, trahy,
Pour vostre lieu à un autre donner,
Me regardant à luy abandonner,
A'vous souffert que je fusse huée,   Ioël 2.
Monstrée au doigt, ou battue, ou tuée?
M'avez vous mise en prison tresobscure,
Ou bannie, sans avoir de moy cure?
M'a'vous osté voz dons et voz joyaux
Pour me punir de mes tours desloyaux?
Ay je perdu mon douaire promis,
Pour les pechés qu'envers vous j'ay commis?
Suis je par vous en justice accusée,
Comme une femme en malheur abusée?
A tout le moins, a'vous point fait defense
Que jamais plus devant vostre presence
N'eusse à venir, comme c'estoit raison,
Ne plus r'entrer dedens vostre maison?
O vray espoux, mary inestimable,
Parfait amy, sur tous les bons amable,
Vous avez bien en moy fait autrement,
Car vous m'avez quise diligemment,   Luc 15 et 18.
Comme brebis errante au plus profond
Du puitz d'Enfer où tous les maux se font;
Moy, qui estois de vous tant separée,
Et en mon cœur et mon sens esgarée,
Appellée m'avez à haulte voix,
En me disant: ô ma fille, oy et vois,   Pseau. 44.

    Et envers moy encline ton ouye;
Le peuple aussi, où tu t'en es fuye
Vueille oublier, et de ton premier Pere
La grand'maison, où as fait ton repaire :
Et le Roy plein de toute loyauté
Convoitera à l'heure ta beauté.

    Mais quand ce doux et gracieux prier
Ne me servoit, lors vous veniez crier :
Venez à moy, vous tous qui par labeur   [Matth. 11.]
Estes lassez et chargez de douleur;
Je suis celuy qui vous accepteray,
Et de mon pain refectionneray.

    Las, tous ces motz ne voulois escouter;
Mais encores je venois à douter
Si c'estoit vous, ou si, par adventure,
Ce n'estoit rien qu'une simple escriture.
Car jusques là j'estoye bien sy fole,
Que sans amour lisois vostre parole.
Je voyois bien que les comparaisons
De la vigne, qui vous donnoit poisons,
Et labrusques en lieu de fruit parfait,   [Deuter. 32.]
Estoyent pour moy qui avois ainsi fait.   [Esaie 5.]

    Assez pensois que les vocations
De l'espouse et appellations,
Disans : Tournez, retournez Sulamithe,   [Cantique 6.]
Estoyent afin que de tout le limite
De mon peché je voulsisse saillir,

Où en pitié me voyez defaillir.
De tout cela semblant ne faisois mie ;
Mais, quand je vins à lire Hieremie,
Certes je dis que j'euz en ce passage
Crainte en mon cœur et honte en mon visage.
Je le diray, voire la larme à l'œil,
A vostre honneur, rabaissant mon orgueil.
 Vous avez dit par vostre saint Prophete,
Si au mary la femme s'est forfaite,   Hiere. 3.
En le laissant, pour d'un autre abuser,
Jamais ne fut, ny lon n'a veu user
Que le mary la vueille r'appeller,
Ny plus la voir, ny à elle parler.
N'est elle pas estimée pollue,
Et tresmechante et de nulle value ?
La Loy consent à Justice la rendre
Et la chasser, sans la voir ne reprendre.
 Mais toy qui as fait separation
De mon doux lict, pour fornication
Avec autruy meschantement commettre,
Et en mon lieu tes faux amateurs mettre,
A moy tu peux toutesfois revenir.
Car contre toy courroux ne veux tenir.
Lieve tes yeux et regarde bien droit,
Et tu voirras en quel lieu et endroit,
Eshontément ton peché ta menée,
Et où tu gis en terre prosternée.

Ame, regarde en quel lieu tu t'es mise,
Au fin mylieu du grand chemin assise,
Où tous passans pour mal tu attendois.
A autre fin, certes, tu ne tendois.
Comme un larron caché en solitude,
A les tromper tu mettois ton estude.
Parquoy ayant ta malice acomplie,
Autour de toy as la terre remplie
De ton immunde et orde infection,
Couverte l'as de fornication;
Ton œil, ton front, ton visage et ta face
Avoit changé du tout sa bonne grace;
Car tell' estoit que d'une meretrice :
Et si n'as eu vergongne de ton vice.

 Et le surplus que Hieremie dit,
Qui contraingnoit mon cœur, sans contredit,
De contempler mon estat malheureux,
Et regretter par souspirs douloureux,
L'heure, le jour, le temps, le mois, l'année,
Que vous laissay, me rendant condemnée,
Mesmes par moy jugeant mon cœur infame,
D'estre sans fin en l'eternelle flamme.

Prover. 15.
 Ce craindre là (qui de moy ne procede,
Mais vient de vous et tout plaisir excede),
M'avoit quasi par vive congnoissance
De mon peché mise en desesperance;
Si n'eust esté que ne m'avez laissée.

Car aussi tost qu'avez veu abaissée
Ma volunté soubz vostre obeïssance,
Avez usé de vostre grand' clemence,
Mettant en moy une sy vive Foy,
Que vous sachant Maistre, Seigneur et Roy,
(De qui devois par raison avoir crainte)
Par vraye amour senty ma peur esteinte,
En vous croyant mary sy gratieux,
Bon, doux, piteux, misericordieux,
Que moy (qui tant me devoye cacher)
Ne craingniz point de vous aller chercher.

 A vous me suis vous cherchant retirée ;
Mais paravant j'estois de vous tirée.
Qu'avez vous fait ? m'avez vous refusée ?
Helas, mon DIEU, nenny, mais excusée.
A'vous de moy tourné vostre regard ?
Non, mais vostre œil m'a esté un doux dard,
Qui m'a navré le cœur jusqu'à la mort,
En me donnant de mes pechés remord.
Repoulsée ne m'avez de la main ;
Mais à deux bras, d'un cœur doux et humain   Luc 15.
M'estes venu, m'embrassant, approcher,
Sans mes defaultz en rien me reprocher.
Point n'ay congnu, à vostre contenance,
Qu'ayez jamais apperceu mon offense.
Vous avez fait de moy aussi grand' feste
Que si j'avois esté bonne et honneste,

Couvrant à tous ma faulte et mon delict,
Me redonnant la part de vostre lict;
En me monstrant que mes pechés divers
Par la bonté de vous sont sy couvers
Et sy vaincuz par vostre grand' victoire,
Que n'en voulez jamais avoir memoire,
Et que dens moy la grace avez enclose,
Qui ne permet que voyez autre chose;
Sinon les dons donnez de vostre dextre,
Et les vertuz qu'il vous a pleu y mettre.

 O Charité, bien voy que vostre ardeur
Icy defait, et brusle ma laydeur,
Et me refait creature nouvelle,
Pleine de DIEU, qui me fait estre belle.
Ce qui est mien avez du tout destruit,
Sans y laisser renommée ne bruit,
En me daignant sy parfaite refaire,
Que tout le bien, qu'un vray espoux peult faire
A son espouse, vous l'avez fait à moy,
En me donnant de vos promesses Foy.

 Or, ay je donc par vostre bonne grace
De l'espouse recouverte la place :
Bienheureux lieu, place tant desirable,
Gratieux lict, throne treshonnorable,
Siege de paix, repos de toute guerre,
Haultdais d'honneur separé de la terre,
Recevez vous ceste indigne personne,

Me redonnant le sceptre et la couronne
De vostre Empire et Royaume de gloire?
Qui onc ouyt parler de telle histoire,
De moins que rien eslever sy treshault,
Faire valoir qui de soy rien ne vault?
 Las, qu'est cecy? jettant en hault ma veüe,
Je voy en vous bonté sy incongnue,
Grace et amour sy incomprehensible,
Que la veüe m'en demeure invisible,
Et mon regard fait par force cesser,
Qui me contraint en bas les yeux baisser.
A l'heure voy en ce regard terrestre,
Ce que je suis et que j'ay voulu estre.
Helas, je y voy de mes maux la laideur,
L'obscurité, l'extreme profondeur,
Ma mort, mon rien et ma nichilité,
Qui rend mon œil clos par humilité;
Le bien de vous, qui est tant admirable;
Le mal de moy, trop inconsiderable;
Vostre hauteur, vostre essence trespure;
Ma tresfragile et mortelle nature;
Voz dons, voz biens, vostre beatitude,
Et ma malice, et grande ingratitude;
Quel vous m'estes et quelle je vous suis;
Ce que voulez et ce que je poursuis:
Qui me fait bien sans fin esmerveiller,
Comme sy fort vous a pleu travailler,

      Pour vous unir à moy contre raison,
      Veu qu'il n'y a nulle comparaison.
Hebr. 5. *Vous estes* DIEU, *je suis vostre facture ;*
      Mon Createur, moy vostre creature ;
      Bref, ne povant ce que c'est diffinir,
      C'est ce que moins à vous se peult unir.
        Amour, amour, vous avez fait l'accord,
      Faisant unir à la vie la mort.
      Mais l'union a mort vivifiée.
      Vie mourant d'amour verifiée,
      Vie sans fin a fait nostre mort vive.
      Mort a donné à vie mort naïve.
      Par ceste mort, moy morte reçoy vie ;
      Et au vivant par la mort suis ravie.
      En vous je vy, quand en moy je suis morte,
      Mort ne m'est plus que d'une prison porte.
        Vie m'est mort ; car par mort suis vivante.
      Vie me rend bien triste et mort contente.
      O quel mourir qui fait mon âme vivre,
      En la rendant par mort de mort delivre,
      Unie à vous, par amour sy puissante,
      Que sans mourir elle meurt languissante.
        A elle tort l'ame qui mort voudroit
      Pour un tel bien ? nenny, elle ha bon droit ;
Philip. 1. *Car pour avoir vie tant estimée,*
      Bien doit nommer la mort sa bien aymée.
        O douce mort, gratieuse douleur,

Puissante clef, delivrant de malheur
Ceux qui par mort estoyent mortifiez,
Pour s'estre en vous et vostre mort fiez,
Vous les avez mis par un doux dormir
Hors de la mort qui les faisoit gemir.
 Las! bienheureux est de mort le sommeil,
A qui la vie advient à son reveil.
Par vostre mort la mort n'est au Chrestien
Que liberté de son mortel lien.
La mort, qui est aux mauvais effrayable,
Elle est aux bons plaisante et aggreable.
 Or est donc mort par vostre mort destruite.   Hebr. 2.
Parquoy, mon DIEU, *si j'estois bien instruite,*
La mort dirois vie, et la vie, mort;
Fin de labeur, entrée du seur port :
Car de vie la grand' fruition
M'empesche trop de vostre vision.
 O mort, venez; rompez moy cest obstacle,
Ou bien, amour, faites en moy miracle.
Puis que par mort encores ne puis voir
Mon doux Espoux, par vostre grand povoir
Transformez moy en luy toute vivante,
Et en repos j'attendray mieux l'attente.   Ionas 4.
Faites moy donc en luy vivant mourir,
Autre que vous ne me peult secourir.
 O mon Sauveur, par Foy je suis plantée,   Rom. 11.
Et par amour en vous jointe et entée.

> Quelle union, quelle bienheureté,
> Puis que par Foy j'ay de vous seureté !
> Nommer vous puis par amour hardiment

Jean 1.
> Filz, Pere, Espoux et Frere, entierement
> Pere, Filz, Frere et Mary : ô quelz dons,
> De me donner le bien de tous ces noms !
> O mon Pere, quelle paternité !
> O mon Frere, quelle fraternité !
> O mon Enfant, quelle dilection !
> O mon Espoux, quelle conjonction !
> Pere, envers moy plein de mansuetude ;
> Frere, ayant prins nostre similitude ;
> Filz, engendré par Foy et Charité ;
> Mary, aymant en toute extremité.

> Mais qui est ce que vous aymez ? helas,
> Celle qu'avez retirée des laqs,
> Où elle estoit liée par malice,
> Luy redonnant le lieu, nom et office
> De Fille, Sœur, Mere, Espouse. O Sauveur,
> Ceste douceur est de grande saveur,
> Et tresplaisante et tresdouce à gouster,
> Parler à vous, ou bien vous escouter.

Hiere. 3.
> Vous appellant Pere (parlant à vous
> Sans crainte avoir), Enfant, Frere et Espoux,
> Vous escoutant, je m'oy Mere nommer,

Cant. 4, 5.
> Sœur, Fille, Espouse. Las, c'est pour consommer,
> Fondre, brusler, du tout aneantir

L'ame qui peult ceste douceur sentir.

Est il amour aupres de ceste cy,
Qui trop ne soit pleine de mauvais Si?
Est il plaisir dont lon peust tenir compte?
Est il honneur que lon n'estime à honte?
Est il profit que lon deust estimer?
Bref, est il rien que plus je sceusse aymer?
Helas nenny, car tous ces mondains biens,
Qui ayme DIEU, *repute moins que siens.*   Philip. 3.
Plaisir, profit et honneur sont corvée
A qui l'amour de son DIEU *a trouvée.*

Amour de DIEU *est si plaisant profit,*
Et tant d'honneur, que seule au cœur suffit.   Psal. 106.
Elle le rend content (je le puis dire)
Tant que rien plus ne veult, ny ne desire.
Car qui ha DIEU, *ainsi qu'il le commande,*
Oultrageux est, qui autre bien demande.

Or je vous ay par une Foy latente,
Parquoy je suis satisfaite et contente.
Or vous ay je, mon Pere, pour defense
Des folies de ma trop longue enfance.
Or vous ay je, mon Frere, pour secours
De mes ennuyz que je ne trouve courtz.
Or vous ay je, mon Filz, de ma vieillesse
Le seul baston, support de ma foiblesse.
Or vous ay je l'espoux sans fiction,
De tout mon cœur la satisfaction.

Puis que vous ay, je quitte le surplus.
Cantique 3. *Puis que vous tiens, je ne vous lais'ray plus.*
Puis que vous voy, rien ne veux regarder,
Qui de vous voir me puisse retarder.
Psal. 84. *Puis que vous oy, autre ne veux je ouyr,*
Cant. 3, 8. *Qui m'empeschast de vostre voix jouyr.*
Puis que propos à vous je puis tenir,
Autre que vous ne veux entretenir.
Puisqu'il vous plaist pres de vous m'approcher,
Plustost voudrois mourir qu'autre toucher.
Puis que vous sers, je ne veux autre maistre.
Puis qu'à vous suis, à autre ne veux estre.
Puis que mon cœur au vostre avez uny,
S'il s'en depart, qu'il soit sans fin puny.
Car plus dur est que la damnation,
Sentir de vous la separation.
Dix mille enfers n'estime tant de peine,
Que de vous perdre un seul jour la sepmaine.
Oraison à Dieu *Helas, mon* DIEU, *mon Pere et Createur,*
Ne souffrez pas l'ennemy inventeur
De tout peché, avoir ceste puissance,
Psal. 37. *Que par luy sois hors de vostre presence.*
Car qui a fait de la substraction
De vostre amour vraye approbation,
Il dira bien qu'il vaudroit mieux en fer
Estre lié à jamais en Enfer,
Que retomber encor un seul moment

Au mal qui fait de vous l'esloingnement.
O mon Sauveur, plus ne le permettez :
Mais en tel lieu, s'il vous plaist, me mettez,
Que, par peché, mon ame, ou par folie,
De vostre amour jamais ne se deslie.

  Or icy bas ne puis parfaitement
Avoir ce bien, qui me fait ardemment
De tout mon cœur en desirer l'yssue,
Sans craindre mort, pic, paelle, ny massue.
Car quelle peur de mon DIEU *puis je avoir,*
Veu qu'a passé par amour son devoir,
Et a prins mort dont il n'avoit que faire,
Pour nostre mort par la sienne defaire?   2. Tim. 1.
Mort est JESUS, *en qui tous morts nous sommes,*
Et en sa mort fait vivre tous ses hommes.
Je dy les siens, qui de sa passion
Ont par la Foy participation.
Car où la mort, avant le grand mystere
De ceste croix, estoit à tous austere,   Ecclesiaste.
Et n'y avoit cœur qui n'en eust frayeur,
En regardant sa face et sa rigueur,
Veu l'union qui est de l'ame au corps,
Et l'ordonnance, et l'amour, et accordz,
Dont la douleur estoit du separer,
Extreme acces pour tout desemparer :
Depuis qu'il pleut au doux Agneau souffrir
Dessus la croix, et pour nous là s'offrir,   Esaie 53

Sa grand' amour a allumé un feu
En nostre cœur sy vehement, que jeu
Tout bon Chrestien doit la mort estimer,
Et l'un l'autre à mourir animer.
Et tout ainsi que peur nous retardoit,
Amour desir de mort donner nous doit.

Jean 4. Car, si amour est au cœur, sans mentir
Il ne sçauroit autre chose sentir
Sy grand' elle est, qu'elle tient tout le lieu ;
Tout met dehors, rien n'y souffre que DIEU.
Où est amour vraye et vive, sans feinte,
Il ne souvient de peur, douleur ne crainte.

    Si nostre orgueil, pour honneur acquerir,
Fait de la mort tant de moyens querir ;
Si pour avoir un plaisir qui tant couste
Lon met de mort en oubly crainte et doute ;
Si pour avoir des richesses son saoul,
Lon met sa vie en danger pour un soul ;
Si le desir de robber ou tuer,
Battre, tromper, fait l'esperit muer,
Tant qu'il ne voit de la mort le danger,
Pour faire mal, ou d'autruy se venger ;
Si la force d'une grand' maladie,
Ou la douleur d'une melancholie,
Desirer fait la mort et souvent prendre
Par se noyer soudain, tuer ou pendre ;
Car sy grant est le mal ou le desir,

Qu'il fait la mort pour liberté choisir)
Si ainsi est, que ces grands passions,
Pleines de mal et d'imperfections,
De la mort font peu craindre le hazard,
Mais maintesfois leur semble venir tard,
Que doit donc faire amour juste et louable,
Bien obligée et plusque raisonnable,
Ny que fera l'amour du Createur?
Doit elle point sy fort brusler un cœur
Que, par leffort de telle affection,
Ne doit sentir nulle autre passion?
Helas, si fait; car mort est chose heureuse   Psal. 115.
A l'ame qui de luy est amoureuse,
Et gratieuse elle estime la porte   Philip. 1.
Par qui il fault que de sa prison sorte.
Le dur chemin ne la sçauroit lasser,
Par lequel va son espoux embrasser.

  O mon vray DIEU, que ceste mort est belle,
Par qui j'auray fin de toute querelle;
Par qui j'auray de vous fruition
Et jouiray de vostre vision;
Par qui seray à vous sy conformée
Que j'y seray divine transformée.

  O Mort, par vous j'espere tant d'honneur,
Qu'à deux genoux en cry, souspir et pleur,
Je vous requiers, venez hastivement,   Psal. 115.
Et mettez fin à mon gemissement.

Cantique.
>O heureuses ames, filles tressaintes,
En la cité Ierusalem jointes,
Baissez voz yeux par miseration,
Et regardez ma desolation.
Je vous supply que vous vueillez pour me
Dire à mon Dieu, mon amy, et mon roy,
Luy annonçant à chasque heure du jour,
Que je languiz pour luy de son amour.
O douce mort, par ceste amour venez,
Et par amour à mon DIEU me menez.
O Mort, où est icy vostre pointure,
Vostre aguillon, vostre rudesse dure ?
Helas, elle est de mes yeux divertie ;
Car en douceur rigueur m'est convertie,
Puis que par vous mon amy est passé,
Et sur la croix pour moy mort trespassé.
Sa mort sy fort à mourir mon cœur poule,
Que vous m'estes pour le suyvir bien doue.

1. Cor. 13. O Mort, ô Mort, venez, quoy que lon di,
Ensemble mettre avec l'amy l'amye.

Puisque la mort m'est vie sy plaisante,
Que plus me plaist qu'elle ne m'espovente,
Craindre ne doy sinon le jugement
(Qui vient apres) de DIEU, qui point ne ment.
Tous mes pechés par sa juste balance
Seront poisez et mis en congnoissance.
Ce que j'ay fait, mon penser, ma parole,

Sera congnu, mieux escrit qu'en un rolle.   Luc 12 et
Penser ne fault jamais, que Charité   Matth. 10.
Vueille offenser Justice et Verité.
Car, qui aura vescu comme infidele
Puny sera de la peine eternelle.
Tresjuste est DIEU, *son jugement est droit;*   Psal. 7
Tout ce qu'il fait est juste en tout endroit.
Las, où suis je, regardant sa droiture,
Moy miserable et povre creature?   Job. 15.
Veu que je sçay que toutes les justices
Des plus parfaitz, sont sy pleines de vices,   Micheas.
Que devant DIEU *sont ordes, sales, viles,*
Voire trop plus qu'immundices des viles,   Esaie 64.
Que sera ce des pechés que je fais,   Psal. 129 et 37
Dont trop je sens importable le faix?
Dire ne puis autre conclusion,
Sinon que j'ay gaigné damnation.
Est ce la fin? sera desesperance
Le reconfort de ma grande ignorance?
Las, mon DIEU, *non : car la Foy invisible*   Math. 19.
Croire me fait, que tout mon impossible
Est tresfacile à vous, tant que mon Rien
Convertissez en quelque œuvre de bien.   Rom. 5.
Donc, Monseigneur, qui me condemnera?   Rom. 8
Et quel Juge jamais me damnera,
Quand celuy là qui m'est donné pour Juge
Est mon Espoux, mon Pere et mon refuge?   Psal. 8, 9.

Pere, mais quel? qui jamais son enfant
Ne veult damner, mais l'excuse et defend.
Et puis, je voy n'avoir accusateur
Que JESUS CHRIST, *qui est mon Redempteur;*
Qui par sa mort nous a restitué
Nostre heritage, et s'est constitué
1.Jean 2. et *Nostre advocat, devant* DIEU *presentant*
1.Tim. 1. *Ses merites : qui sont et valent tant,*
Que ma grand' debte en est sy surmontée
Que pour rien n'est en jugement comptée.

 Mon Redempteur, voicy un bien grand cas,
Peu se trouve il de sy bons Advocatz!
Esaie 53. *Doux* JESUS CHRIST, *c'est à vous que je doy,*
Hébr. 7. *Car vous priez et plaidoyez pour moy.*
Roma. 8. *Et, qui plus est, quand povre me voyez*
De vostre bien ma grand' debte payez.
O de bonté mer, abisme et deluge;
Mon Pere saint, daignez estre mon juge,
Ezech. 18. *Qui ne voulez voir la mort du pecheur.*
Matth. 4. *O* JESUS CHRIST, *des ames vray pescheur,*
Et seul Sauveur, amy sur tous amys,
Mon advocat icy vous estes mis;
Parlant pour moy, me daignant excuser,
Où me povez justement accuser.

 Plus je ne crains de nulle estre deffaite,
Car du tout est Justice satisfaite.
Mon doux Espoux en a fait le paîment

Sy suffisant et tant abondamment,
Que rien ne peult ma justice vouloir
Que de luy seul elle ne puisse avoir :
Car il a prins tous mes pechés sur soy,   1. Pet. 2.
Et m'a donné ses biens, comme je croy.

  Quand voz vertuz, mon Sauveur, presentez,
Certes assez Justice contentez.
Quand elle veult mes vices reprocher,
Vous luy monstrez qu'en vostre propre chair
Vous les avez portez de bon courage,
Par l'union de nostre mariage :
Et sur la croix, par vostre passion
En avez fait la satisfaction.
Et qui plus est, par vostre Charité
M'avez donné ce qu'avez merité.
Parquoy, voyant vostre merite mien,
Justice plus ne me demande rien ;   Psal. 84.
Mais sa sœur Paix (comme toute appaisée
Vous regardant) est doucement baisée.

  Du jugement n'auray donc plus de crainte,
Mais par desir trop plus que par contrainte
L'heure j'attens, que mon juge voiray,
Et jugement juste de luy oyray.
Si sçay je bien que vostre jugement
Est sy tresdroit, qu'il ne fault nullement,
Et congnois bien mon infidelité,
Digne d'Enfer et sa crudelité.

Si seulement mon merite regarde,
Rien je ne voy qui de ce feu me garde.
Il est tout vray qu'il n'est que pour le Diable,
Et n'est point fait pour l'homme raisonnable.
Mais, toutesfois, s'il a mis son estude
De l'ennemy prendre similitude,
C'est bien raison que (comme luy) il soit
Retribué du loyer qu'il reçoit.

Car si l'homme, par contemplation,
Amour, vertu, bonté, perfection,
De l'Ange tient et à la fin herite
Au ciel, le lieu de semblable merite,
Le vicieux en Enfer est puny,

Sapien. 18. *Avec celuy à qui il s'est uny.*
Puis qu'à Satan du tout s'est comparé,
Matth. 25. *Il tient le lieu qui luy est preparé.*
Cecy bien peu mon esperit conforte,
Pensant des deux la differente sorte
Nier ne puis qu'au mauvais ne ressemble
Trop plus qu'au bon : parquoy je crains et tremble :
Car la vie est de l'Ange si celeste,
Que rien n'en tiens : cela je le proteste.
Mais de l'autre, j'en ay tant de semblance,
Tant de malice et tant d'acoustumance,
Que de son mal, de sa peine et tourment,
Participer doy par vray jugement.

Grand et trop grand est le cruel peché

Qui en Enfer m'a sy fort attaché.
Enfer est fort, ne laissant rien saillir,
Et si ne craint qu'on le vienne assaillir.
Le Fort est fort, mais quand le Plusfort vient,   Luc 11.
Le Fort ne sçait que sa force devient.
Peché est fort, qui en Enfer nous meine :
Et ne voy nul qui, par merite ou peine,
Ayt jamais sceu vaincre et tuer ce Fort,
Fors celuy seul qui a fait tel effort
Par Charité, que mort, humilié,   Philip. 2.
Son ennemy a vaincu et lié,   Ephese 4.
Enfer rompu, et brisé son povoir,
Dont maintenant ne peult puissance avoir
De plus tenir captive et en tutelle
L'Ame qui est envers son DIEU *fidele.*

  Parquoy croyant de luy la grand' vertu,
Enfer, peché, je n'estime un festu.
Dequoy me nuyt peché, si non de mieux
Monstrer mon DIEU *misericordieux,*
Fort et puissant, entierement vainqueur
De tout le mal qui est dedens mon cœur?
Si mon peché pardonné, est la gloire
De mon Sauveur, pareillement puis croire
Qu'aussi la mienne est en ce augmentée,
Puis qu'en luy suis inserée et entée.
Son honneur seul honnore tous les siens,
Et son thresor emplit chacun de biens.

   Enfer est donc par luy du tout destruit,
  Peché vaincu, qui tant ha eu de bruyt.
  Goulu Enfer, où est vostre defense ?
  Vilain peché, où est vostre puissance ?
1. Cor. 15. O Mort ! où est icy vostre victoire,
  Vostre aguillon, dont tant est de memoire ?
  En nous cuydant donner mort, donnez vie,
  Et le rebours faites de vostre envie.
  Et vous, Peché, qui à damnation
  Voulez tirer tous, sans remission,
  Vous nous servez d'esperon et d'eschelle
  Pour atteindre Jerusalem la belle :
  Faire cuydant par maligne nature
  Au Createur perdre sa creature.
  Par sa grand grace avancez son retour,
  Et à son DIEU la faites, par amour,
  Plus que jamais revenir humblement,
Roma. 5. Et le servir et aymer doublement.
  Sa grand' bonté vous fait perdre la peine
  Que vous prenez le long de la sepmaine.
  Parquoy Enfer n'a pas eu tout le nombre
  Qu'il pretendoit pour vous, pource que l'umbre
  Et la vertu de ceste passion
  Est à l'esprit telle protection,
  Qu'elle ne doit avoir ne peur ne doute
  De Mort, Peché, ne d'Enfer une goutte.
   Y a il rien qui me puisse plus nuire,

Si DIEU *me veult par Foy à luy conduire ?*
J'entens la Foy toute telle, qu'il fault,   Ephes. 2.
Digne d'avoir le nom du don d'enhault :
Foy, qui unit par Charité ardente
Au Createur sa treshumble servante.
Unie à luy, je ne puis avoir peur,
Peine, travail, ennuy, mal, ne douleur :
Car avec luy, croix, mort et passion
Ne peult estre que consolation.
Trop foible suis en moy, en DIEU *tresforte :*
Car je puis tout en luy, qui me conforte.   Philip. 4.
Son amour est sy ferme et pardurable
Que pour nul cas elle n'est variable.
   Qui sera ce donc qui me tirera
De sa grace ? qui m'en separera ?
Certes du Ciel la tresgrande hauteur,
Ny de L'enfer l'abisme et profondeur,
Ny la largeur de toute ceste terre,
Mort, ne Peché, qui tant me fait de guerre,
Ne me pourront separer un seul jour
De la grande charité et amour
Que mon pere, par JESUS CHRIST, *me porte :*
Car son amour est de sy bonne sorte,
Que sans l'aymer il m'ayme, et, en l'aymant,   Roma. 5.
Par son amour sentz l'aymer doublement.   1. Cor. 14.
Mon amour n'est pour l'aymer, mais la sienne
En moy l'ayme, que je sentz comme mienne.

       Il s'ayme donc en moy, et par m'aymer
Il fait mon cœur par amour enflammer.
Par ceste amour il se fait aymer tant,
Que son effect (non moy), le rend content.
Se contentant, tousjours il multiplie
Trop plus d'amour, qu'amour ne luy supplie.
       O vray amant, de Charité la source,
Et du tresor divin la seule bourse,
Doy je penser, ny oserois je dire,
Que c'est de vous ? Le puis je bien ecrire ?
Vostre bonté, vostre amour se peult elle
Bien concevoir de personne mortelle ?
Et s'il vous plait un petit l'imprimer
Dedens un cœur, la peult il exprimer ?
Certes nenny : car sa capacité
N'est pour tenir la grande immensité
Qui est en vous, veu que vive raison
Nous monstre bien n'avoir comparaison
De l'infiny à la chose finie.

Psal. 14.

Mais quand à luy par amour est unie,
Sy remply est son Rien d'un peu de Tout,
Qu'à declarer ne peult trouver le bout.
Plus ha de bien qu'il n'en peult soustenir,
Parquoy il croit tout le monde tenir.
       Quand le Soleil d'une seule estincelle
Aveugle l'œil, sa grand' lumiere cele :
Mais demandez à l'œil qu'il a senty ;

Il dira tout; mais il aura menty.
Car aveuglé de petite lumiere,
Il ne peult voir la grand' clarté entiere;
Et toutesfois demeure sy content,
Qu'advis luy est, s'il en avoit autant,
N'estre puissant pour povoir endurer
Ceste clarté qu'il ne peult mesurer.

 Aussi l'Esprit, qui par façon subtile
Sent de l'amour de DIEU *une scintille,*
Trouve ce feu sy grand et sy terrible,
Si doux, sy bon, qu'il ne luy est possible
Dire que c'est d'amour : car un petit
Qu'il a senty, rend tout son appetit
Sy satisfait, et non moins desirant,   Ecclesiast.
Qu'il est remply, et vit en souspirant.
Le cœur sent bien que trop il a receu;
Mais en ce trop, tel desir a conceu,
Que sans cesser desire recevoir
Ce qu'il ne peult, ny n'est digne d'avoir.
Il congnoit bien indicible son bien,
Et veult le plus où il ne congnoit rien.
Sentir ne peult quel est son bien vraîment,
Et si ne peult penser son sentement.

 Le dire donc n'est pas en sa puissance,
Puis que du feu il n'ha la congnoissance;
D'amour ne sçait bien au vray diffinir,
Qui l'a cuydé toute en son cœur tenir,

Bienheureux est qui en ha tel excés
Que dire peult : Mon DIEU, *j'en ay assez.*
Qui l'ha en soy, il n'en sçauroit parler,
(Craingnant partant de la laisser aller)
Sinon faisant l'edification
De son prochain, à sa salvation.
   L'impossible me fera donques taire,
Car il n'est saint sy parfait ou austere,
S'il veult parler de l'amour du Treshault,
De sa bonté, douceur, de ce qu'il vault,
De ses graces, de ce qu'à luy seul touche,
Qui, baissant l'œil, il ne ferme sa bouche.
Moy donques ver de terre, moins que riens,
Et chienne morte, ordure de fiens,
Cesser doy bien parler de l'altitude
De ceste amour; mais trop d'ingratitude
Seroit en moy, si n'eusse rien escrit,
Satisfaisant à trop meilleur esprit.
Car de celer les biens d'un sy bon maistre,
C'est un forfait qui assez ne peult estre
A droit puny, sans l'eternel licol.
Parquoy venez, ô binheureux saint Pol,

Actes 9. et *Qui bien avez gousté de ce doux miel,*
2. Cor. 12. *Trois jours sans voir, ravy jusqu'au tiers ciel,*
Vueillez supplier mon ignorance et faute,
Qu'avez vous sceu de vision sy haute?

Rom. 11.   *Oyez qu'il dit : O* INDICIBLE *hautesse,*

*Du grand thresor de divine richesse
De la fontaine et source de science
Haute et divine, et toute sapience,
Voz jugementz sont incomprehensibles;
Et voz sentiers, selon tous noz possibles,
A tous noz sens investigables sont.*

*O bon saint Pol, voz paroles nous font
Bien esbahis, que vous sy tressçavant
D'un tel secret ne parlez plus avant.
Mais oultre encor dites : de ceste amour
Qu'esperons nous en avoir quelque jour?
Escoutez le, voylà qu'il nous en dit :*

Onques nul œil d'homme mortel ne veit,   1 Cor. 2.
*Et si ne sceut oreille onques entendre,
Ne dens le cœur, tant soit il bon, descendre
Ce que* DIEU *a preparé, et promis
A la parfin à tous ses bons amys.*

*N'en direz vous plus oultre? Certes non.
Ce qu'il en dit encores n'est, sinon
Pour mieux nous faire estimer et aymer,
Ce qu'il ne peult declarer ne nommer,
Tirant noz cœurs, nostre amour et espoir
A desirer ce qui ne se peult voir.
Que dy je, voir? mais penser ny sentir :
Qui rend content de mourir un martyr.*

*O tresgrand don de Foy, dont tel bien vient,
Que posseder fait ce que l'on ne tient!*

Foy donne espoir par seure Verité,
Et met en nous parfaite Charité.
1. Jean 4. *Et Charité est DIEU comme sçavons.*
Si en nous est, DIEU aussi nous avons.
Il est en nous, et trestous en luy sommes.
Tous sont en luy, et luy en tous les hommes;
Si nous l'avons par Foy, tel est l'avoir,
Que de le dire en nous n'est le povoir.

Donc, attendu qu'un sy tresgrand Apoustre
Comme saint Pol n'a voulu parler oultre,
Suyvant le trac de sa tressage eschole
Je me tairay; mais, suyvant sa parole
(Bien que je sois fein, poudre, ordure et fange),
Ne puis faillir à rendre la louenge
De tant de biens, qu'avoir je ne merite,
Qu'il luy plaist faire à moy sa MARGUERITE.

1. Tim. 1. *Au* ROY DU CIEL, *immortel, invisible,*
SEUL DIEU *puissant et incomprehensible,*
Soit tout honneur, gloire, louenge, amour
A tout jamais, es siecles sans sejour.

DISCORD

ESTANT EN L'HOMME PAR LA CONTRARIETÉ

DE L'ESPRIT ET DE LA CHAIR

ET PAIX PAR VIE SPIRITUELLE

NOBLE d'Esprit, et serf suis de nature;
Extrait du ciel, et vile geniture;
Siege de DIEU, vaisseau d'iniquité;
Immortel suis, tendant à pourriture;
DIEU me nourrit, en terre est ma pasture;
Je fuy le mal en aymant forfaiture;   Galat 5.
J'ayme raison en fuyant equité.

 Je croy en DIEU et du tout je me croy;
En DIEU me fie et je n'ay point de Foy;
Son vouloir veux, et mon vouloir me plaist;   Rom. 7.
Loy m'est à gré, je deteste la Loy;
Je vy en paix, je vy en grand desroy;
En ne m'aymant, je n'ayme autre que moy;
J'ayme tout bien, et tout bien me desplaist.

Je ne fais pas le bien que je veux faire;
Souvent commence, et je ne puis parfaire;
Mon bon vouloir n'est en moy le plus fort,
Et qui pis est, plustost fais le contraire :
En hayant mal, je me metz à meffaire,
Parquoy voy bien Loy estre salutaire;
Mais vif d'Esprit, quant au corps me sentz mort.
Je fais le mal, mais le mal je ne fais :
Car mon vouloir contredit à mes faitz.
Qui fait ce donc? inhabitant peché
Dedens la Chair, source de tous meffaitz,
Et lequel rend hommes sy imparfaitz,
Qu'esprit y est (soit il des plus parfaitz)

Sapien. 9. *Souvent grevé, et tousjours empesché.*
Job 7:

Et de ce vient que bataille obstinée
Est dedens l'homme, et ne sera finée
Tant qu'il aura vie dessus la terre.
Si la chair peult, fera sa destinée,
En ensuyvant sa source et sa lignée,
Et par l'Esprit ne sera terminée.
Vivre nous faut estans tousjours en guerre.

Jean 3. *O Esperit, immortelle estincelle,*
Rayon luysant de clarté supernelle,
Tousjours estant plaisant et pacifique !
O loy de Chair, homme vieil et rebelle,
Natif peché, d'où vient nature telle,
Que n'accordez? dont ay guerre mortelle :

Car guerre n'est pire, que domestique.
La Loy de DIEU *est à l'Esprit duysante;*
La Loy de Chair est autre et repugnante.   Rom. 7.
Captif me tient, et subjet à tout vice;
Esprit par Foy fait l'ame à DIEU *plaisante.*
Chair à peché la rend obeïssante.
Qui m'ostera du corps où la mort hante?   Rom. 7.
Grace de Dieu, par JESUS CHRIST *propice.*

    Car les humains n'ont possibilité
Povoir guarir ceste fragilité;
De ce je n'ay en eux espoir, n'en moy.
Bref, le salut de l'homme est vanité.   Psal. 59.
Venons à CHRIST, *duquel la Charité*
Nous a sauvez par liberalité
Du damnement de peché et de loy.   Rom. 8.

    Verbe Divin, JESUS CHRIST *Salvateur,*
Unique filz de l'Eternel autheur
Quant à nature, aisné, non adoptif,
Premier, dernier, de tous instaurateur;
Evesque et Roy, puissant triumphateur,
Et de la mort par mort liberateur,
Duquel avons et l'estre et le motif;

    Pour tous pecheurs vraye redemption,   1. Cor. 1.
Grace, salut, sanctification
(Qu'avez acquis en nature mortelle),
Sera pour ceux lesquelz sans fiction
Auront de vous par Foy cognition:

Donnez la nous pour vaincre affection
Rom. 7. *De Chair, qui n'ha aucun bien dedens elle.*
Iean 1.
Gal. 3. 4.   *L'homme est par Foy fait filz du Createur;*
Rom. 5 *L'homme est par Foy juste, saint, bienfaiteur;*
L'homme est par Foy remis en innocence;
L'homme est, par Foy, Roy en CHRIST *regnateur;*
Par Foy avons l'Esprit Consolateur
Uniz au Pere et au Mediateur;
Par Foy j'ay CHRIST, *et tout en affluence.*
   Car quand le Pere en sa pitié profonde
Rom 8. *Feit de son filz donation au monde,*
Il le donna avecques tous ses biens.
De tous pechés sa justice nous munde;
Elle est à moy, et en elle me fonde.
Qui est de nous qui en larmes ne fonde
Osee 2. *D'avoir telz dons, qui de soy n'avoit riens?*
   L'ame ha espoux CHRIST *par fidelité :*
C'est mariage, et en ceste unité
Ephes. 5. *Est grand mystere; or Loy de mariage*
Fait que tous biens sont en communité :
Mes pechés sont sur son humanité;
Je prens de luy ce qu'il a merité;
Pour luy ne fut, mais pour l'humain lignage.
   L'Espoux se doit pour l'Espouse exposer,
Jusques à soy de vie deposer
Ephes. 5. *Pour la garder :* JESUS *l'a ainsi fait.*
Que doit l'Espouse? à ce soy composer

Qu'amante Foy la face reposer
Toute en l'Espoux. Or nous fault disposer
Vivre en Foy telle, et aurons bien parfait.

 Car jugement aucun ne se fera   Rom. 8.
Sur celuy qui par Foy en CHRIST sera,
Selon l'Esprit, non selon Chair vivant.
Mais declarez ce, Par Esprit vivra,
Non selon Chair, et si ne pechera.
Qui est celuy seul qui s'en gardera?
Sy juste n'est qui ne vive en pechant.

 Qu'appellez vous vivre charnellement?
Qu'appellez vous spirituellement?
N'estre pecheur? qui ainsi le prendroit,
Spirituel n'auroit un seulement
En tous vivans : parquoy frivolement
Dieu monstreroit des biens sy largement,
En promettant ce que ja n'adviendroit.

 Je dy vivre Spirituellement,   Gal. 5.
Cil qui vers DIEU a mis son pensement,
Fiance et Foy, dont vient la Charité.
Combien que tel, par natif mouvement,
Baille à peché par fois consentement,
Ne laissera pour cest empeschement
Son Esperit ne sa fidelité.   Habac. 1.

 Comme la nef en haute mer menée
Souventesfois est par vent destournée,
Ce nonobstant elle vient à son port;

Et la noble ente en tronc sauvage entéc
Portera fruit, combien que retardée
Soit par jettons de silvestre portée;
Coupper les fault, qu'ilz ne montent trop fort.

Rom. 8.   *Mais l'homme est dit vivre Charnellement*
Qui à la Chair s'addonne entierement,
Laissant du tout l'Esprit son directeur,
Et en ce monde a tout son pensement,
Ne desirant que temporellement,
Ou suit ses sens trop bestialement :
Tel est Charnel et de CHRIST *contempteur.*

   Qui suit la Chair, à DIEU *ne sçauroit plaire;*
Rom. 8. *Qui suit la Chair, il est à* DIEU *contraire;*
1. Jean 3.
Qui suit la Chair, il n'est point filz de DIEU.
Qui suit l'Esprit, par luy ne peult desplaire;
Gal. 5. *Qui suit l'Esprit, bonnes œuvres sçait faire;*
Qui suit l'Esprit, il sçait la Loy parfaire :
2. Cor. 3. *C'est tel Esprit où liberté ha lieu.*

   Or prions DIEU *nous donner la prudence*
De faire tant que l'Esprit ayt regence
Dessus la Chair, et la matte et domine.
S'il nous vient bien, gardons trop de licence;
S'il nous vient mal, prenons en patience;
Si Chair nous poingt, demandons continence,
En implorant grace et faveur Divine.

1. Iean. 2.   *Et si faillons par charnelle insolence,*
Tournons devers l'infaillible clemence,

Dolentz d'avoir esté desordonnez,
Et retenons et Foy et confidence :
Au moins vaincrons ayans ceste defense,
Encor' que nous ayons fait mainte offense,
Puis qu'à peché ne nous sommes donnez.

ORAISON

DE L'AME FIDELE

A SON SEIGNEUR DIEU

SEIGNEUR, duquel le siege sont les Cieux,
Le marchepied, la terre, et ces bas lieux;
Qui en tes bras encloz le firmament,
Qui es tousjours nouveau, antique et vieux,
Rien n'est caché au regard de tes yeux :
Au fonds du roc tu vois le diamant,
Au fonds d'Enfer ton juste jugement,
Au fonds du ciel ta Majesté reluire,
Au fonds du cœur le couvert pensement :
Qui est celuy qui te voudroit instruire?
   Plus qu'un esclair ton œil est importable,
Plus qu'un tonnerre est ta voix effrayable,
Plus qu'un grand vent ton esprit nous estonne,
Plus que fouldre est ton coup inevitable,

ORAISON DE L'AME FIDELE.

Plus que Mort est ton ire espoventable,
Plus que nul feu ton courroux peine donne;
Tu pense et veux, et fais, et si ordonne
Ce qui te plaist; tuer, resusciter
Est en ta main, dont l'œuvre est tousjours bonne:
Qui est le sot qui pense y resister?

Plus qu'un Soleil ton regard est luisant,
Plus qu'un beau jour ton visage est plaisant,
Plus que rosée au cœur ton esprit doux;
Plus ton parler qu'un vent au chaud duisant,
Plus ton Amour le nostre est conduisant
Qu'un cler ruisseau qui nous emporte tous
Au tresseur port où nous attend l'Espoux;
Dont le doux bruit rend le cœur endormy,
Bonté, beauté et sens, se monstre à nous:
Qui est le fol qui n'en veult estre amy?

Qui est le fol qui cuyde conseiller
Celuy duquel l'on doit esmerveiller
La grand vertu et haute sapience?
Qui peult l'esprit esveillant esveiller,
Qui ne doit point ny ne peult sommeiller?
Qui apprendra sçavoir à la science?
Qui esmouvra la longue patience
Devant le temps de luy determiné?
Nul qui aura dedens sa conscience
L'esprit duquel tout est illuminé.

Quand il formoit les Cieux par sa Parole,

ORAISON

Le feu et l'air, la Terre et l'eaue tant molle,
Qui le servoit à sy grande œuvre faire?
Quand tant d'Esleuz escrivoit en son rolle,
Quel serviteur estoit son prothocole
Pour n'oublier ce qu'il vouloit parfaire?
Mais qui baillé luy a tout l'exemplaire
De tant d'oyseaux, de bestes et poissons?
O le Cuyder, il vous fault icy taire :
Celuy qui seme fait aussi les moissons.

   Seigneur, Cuyder a voulu entreprendre
De ta hauteur, sens et puissance entendre,
Et deviser de tes graces et biens;
Mais il auroit besoing premier d'apprendre
Que c'est de luy, et dedens soy descendre :
Lors trouveroit que, s'il est, il est Riens.
Rien que peult-il? moindre est que fange et fiens.
Mais si ce Rien au vray se congnoissoit,
Rien et toy Tout sailliroit des liens
Où le Cuyder le povre Rien deçoit.

   Tu aymes tant ta gloire et ton honneur,
Que tu en veux à ceux estre donneur
Que rien en eux ne congnoissent de bon;
Car confessans Rien leur Ame et leur cœur,
Quand de toy ont la divine liqueur,
Disent que c'est purement de ton don.
Et de tant plus leur donne en abandon
Grace pour grace, et plus leurs cœurs s'abaissent

(En demandant, comme pecheurs, pardon),
Car tout ce bien venant de toy confessent.

 O Donateur de graces sans mesure,
Ceste clarté de verité tant pure
Envoye au cœur qui ne te cerche pas;
Tu luy fais voir du peché la laidure,
Et de son Ame, et de son corps l'ordure,
Et le profond d'Enfer jusque au plus bas.
Là où il est, les liens et les laz,
Par le menu lors fais l'ame captive
De près compter; mais enfin tu rabbas
Ainsi qu'il plaist à ta bonté naïve.

 L'ame est sans yeux, car elle ne peult voir,
Et son oreille est sans aucun povoir
De rien ouyr, et muette est sa bouche,
S'il ne te plaist par ton tresbon vouloir
L'illuminer et luy faire sçavoir
Que morte elle est plus qu'une vieille souche.
Morte se voit quand ta clarté la touche;
Elle oyt ta voix, luy ouvrant les oreilles;
Si ton esprit dens sa bouche s'approche,
Elle ne fait que louer tes merveilles.
L'aveugle voit, mais non pas de sa veüe;
Son œil charnel comme une beste nue
Ne peult rien voir, sinon l'exterieur.
Mais ta clarté est donnée et receue
Par ta bonté, et par ton don conceue,

Luy ouvre l'œil pour voir l'interieur.
Lors il te voit comme superieur,
DIEU tout en tous, de tous la vie et l'estre.
Et luy de tous damnez l'inferieur,
Rien, en la main de ta puissante dextre.

 Le Sourd qui ha son oreille fermée,
Par nonchaloir en erreur confermée,
Est cler oyant, qui d'ouyr n'estoit digne.
Nature en luy par toy est reformée,
Et en la tienne est sy bien transformée,
Qu'il oyt, mais c'est de l'ouye divine.
Il oyt ta voix gracieuse et benigne ;
Par ceste voix te congnoit son Pasteur,
Luy ta Brebis, qui de crier ne fine :
Las ! je periz sans toy, mon Salvateur.

 Le Muet donc, à qui parole fault,
En ceste chair parle et crie bien hault,
Quand en sa bouche à ta parole vive
Il se confesse, et congnoit son default,
Et qu'il est rien, qui nulle chose vault.
Et toy, Seigneur, bonté pure et naïve,
Il crie à toy remply d'amour active,
Demandant l'eau du don tant desirable.
L'ayant receu, son Ame est ententive
A sans cesse crier : DIEU est aymable.
Mais ceste voix de Jacob qui s'estime
Le plus petit, le dernier et l'infime,

DE L'AME FIDELE.

A toy, Seigneur et Pere, est agreable :
Car du plus bas jusque au hault de la syme
Ta main le cherche, et l'espreuve, et le lime ;
Mais rien ne voit à ceste voix semblable,
Car de la peau tant digne et admirable
De ton cher filz l'a sy bien revestu·
Ta sapience et bonté secourable,
Que tu n'y peux trouver que ta vertu.

   Seigneur, Seigneur, quelle est ta charité,
Voyant celuy qui n'a rien merité,
Et qui n'est Rien, luy donner congnoissance
De ce qu'il est ! puis de ta verité,
De ton Amour, parole et purité
Tu le remplis en tresgrande abondance.
Tu le revestz par sy belle ordonnance
Du vestement qui cœuvre tout peché,
Non seulement comme par apparence,
Mais qui le rend mort en lieu de caché.

   Ceste voix là va criant n'avoir Estre
Sinon toy seul, son seigneur et son maistre ;
Par les desertz se fait tresbien ouyr,
Disant : O cœur dur, rural et champestre,
Desliez vous de vostre vieux chevestre,
Prenez le joug qui vous peult resjouyr :
Par sa douceur il vous fera jouyr
Du bien que DIEU *promet à ses Esluz.*
Mais qui voudra ce service fouyr

Sera fait serf aux eternelz palus.

 Ceste voix là de soy ne fait la feste,
Ny ne dit rien forgé dedens sa teste,
Ny ne se fait prophete, juste ou saint ;
Mais un chacun à congnoistre admonneste,
Que le seul Saint, bon et juste et honneste,
C'est DIEU tout seul, qui n'est forgé ny paint,
La main duquel à donner ne se feint
A son Esleu sa tresdoulce promesse ;
Au Reprouvé, en son peché esteint,
Le lieu où est immortelle tristesse.

 Qui est la voix qui sy hautement crie,
Qui sy tresbien et sy humblement prie,
Qui est ouye, et pour sa reverence
Est exaucée, et si semble perie,
Quant à la chair, mise à la moquerie,
De tous voyans en trespovre apparence ?
Las ! c'est l'Amour où gist nostre esperance,
Qui a crié sy hault dedens la Croix,
Que nous avons de tous maux delivrance
Par sa vertu, et ainsi je le crois.

 Et ceste voix encore crie en nous,
Postule en nous, et nous fait à genoux,
Par un souspir qui est inenarrable,
Sans crainte aller à toy, Pere tant doux,
Te demander ton Filz pour nostre espoux,
Dedens lequel est ton Ame immuable,

Et tous tes biens, ô bonté incroyable,
Qui ton esprit nous donnes pour prier,
Duquel la voix te rend doux et placable,
Tant qu'au criant ne peux le don nier,
Tu œuvre en nous; par quoy nostre œuvre est bonne,
Quand nous sçavons que tu l'œuvre et ordonne.
Mais tu te plais sy fort en ton ouvrage,
Que tu parfais l'œuvre et puis la couronne
A ton honneur, dont la gloire environne
De mille honneurs, et gloire davantage ;
Mais le proufit de ce bon labourage
En est à nous, qui t'en donnons l'honneur,
Plus t'en rendons, plus de ton heritage
Et de tes biens envers nous es donneur.

Ton don descend, et puis retourne à toy ;
En descendant en un autre ou en moy,
Te monstre bon, humble, doux, gracieux :
Car tu descends, toy DIEU, *Seigneur et Roy,*
En ceste ordure et vilain desarroy
Pour la purger et convertir en mieux ;
Puis, la joingnant à toy, remonte aux cieux,
Et te monstrant Pere et pasteur paissant,
Ta Brebis metz hors de son Adam vieux,
En la sauvant de ce Loup ravissant.

Ceste descente qui monstre ta bonté,
Par laquelle est nostre mal surmonté,
Te donne honneur et immortelle gloire.

Mais le proufit (quand tout est bien compté,
Voyant par toy nostre ennemy domté,
Et nous tirez de prison orde et noire,
Voire et portez pour signe de victoire
A toy, qui as l'œuvre entiere parfaite)
En est à nous, qui nous fais en toy croire
Et demeurer par alliance faite.

Si ceste Amour dont te devons aymer
Venoit de nous, l'on pourroit estimer
Qu'elle seroit bien courte et fort petite ;
Mais si l'Amour de toy vient enflammer
Notre ame et cœur, mettant à sec la mer
De noz pechés par sa grace et merite,
Ceste Amour là n'aura fin ny limite.
Plaisir, tourment, honte, douleur ny mort
N'auront povoir qu'elle nous laisse et quitte,
Car elle vient de l'immuable et fort.

Tu es Amour, qui toy seul te comprens,
Qui en noz cœurs ceste lumiere apprens ;
Quand nostre nuict en est illuminée,
L'obscurité des tenebres reprens ;
Et nostre esprit de nostre chair desprens,
Le tirant hors de ceste cheminée
Noircie au feu dont elle est sy minée,
Que si l'esprit y faisoit son sejour,
Luy infiny en ceste chair finée
Seroit en nuict eternelle, sans jour.

Mais ton Amour, comme un feu vehement,
Ce cœur de fer plus dur que n'est l'aymant
Vient amollir et convertir en eau ;
Et sa froideur, sa peur, son tremblement
Tourne en ardeur d'amour de vray aymant,
Tant que luy laid, froid et noir, devient beau.
Ce corps pesant est refait tout nouveau,
Leger, luisant, chauld, contre sa nature ;
Par l'union du doux feu de l'agneau,
Au Createur semble la creature.

Quand le fer est remply du feu ardent,
Tout œil dira que c'est feu evident,
Et si la main un peu y veult toucher,
Disant que c'est fer, et froid le cuydant,
Trouvera feu ce trescler accident,
Et n'en voudra plus sy pres approcher :
Ainsi Amour uny à nostre Chair
La fait sembler clere, chaulde et legere ;
Mais c'est luy seul auquel a cousté cher
Ceste union de tenebre à lumiere.

O vray Amy, nous ne t'aymons donc point,
Mais si en nous tu es par Amour joint,
Ton Amour t'ayme, te glorifie et louë,
Tant remplissant corps, chemise et pourpoint,
Que place n'ha en nous, voyla le poinct,
Où autre Amour se vende ne se louë ;
Il n'apparoit en nous fange ne bouë :

Car ta beauté nous rend tant acompliz,
Que nostre dit, fait et penser advouë,
Voyant l'amour dont nous sommes rempliz.
   Amour fait donc ceste mutation
De nous en toy, monstrant l'affection
Qu'as à ta povre et fragile facture,
Laquelle as prinse en ton Election,
La conformant à ta perfection.
Apres avoir vestue sa vesture
Comme pecheur, et souffert la batture
Que justement elle devoit porter,
Amour d'Amour feit lors telle ouverture,
Que tout pecheur s'en doit reconforter.
   Ta grand' Amour, ô Pere et Createur,
Quand tu l'uniz à nostre pesanteur,
Nous fait saillir en la vie eternelle :
Du centre embas jusques à la hauteur,
Tu fais voler la facture au facteur,
Par la vertu de ta treslegere æsle :
C'est ton Amour, dilection et zele
Dont tu remplis ceste celeste masse,
En l'eslevant par divine estincelle
Legerement, maugré sa terre basse.
   Ta grand' beauté, ta clarté, ta lumiere,
Nous vient chercher au fonds de la taniere,
Pour convertir en beauté la laideur.
Ceste union par tresdouce maniere

Oste de nous ceste forme premiere
Du vieil Adam, son feu et son ardeur,
Sy laid et ord que c'estoit grand' hydeur :
Mais par Amour est sy bien effacé,
Et nous repaintz et couvertz de splendeur,
Que soubz beauté est Adam trespassé.

  Feu consommant, mon Dieu plein de valeur,
Tu as daigné ta divine chaleur
Unir sy bien à nostre froide glace,
Qu'en appaisant de son froid la douleur
Nous as tirez de ce glacé malheur,
Par seulement vers nous tourner la face,
Dont la beauté toute froideur efface,
Et rend le cœur sy bruslant et sy chauld,
Qu'il n'ha soucy, quoy qu'il souffre ny face,
Mais que tousjours brusle du feu d'enhault.

  O forte Amour, plus forte que la Mort,
Qui la durté de nostre cœur tant fort
A departir, amollir, ou briser,
Vient approcher de toy par tel effort,
Que tu le romps, avecques tel support,
Qu'il ne sent point de mal au desbriser.
Ceste durté viens à pulveriser,
Et puis la rendz sy liquide et fluente,
Que tu peux eau de la pierre puiser,
Dont ta bonté demeure triumphante.

  Ne vous lavez de vostre agilité,

Beauté, bonté, puissance, utilité,
En ignorant l'amour qui est en vous ;
Mais confessez, par grande humilité,
Que du tout Rien, pleins de fragilité
Vous vous sentez; et mains jointes à genoux,
Dites DIEU *seul estre beau, sage, doux,*
Puissant et bon, dont Amour est lien,
Qui nous unit à luy sy fort trestous
Que nostre mal est couvert de son bien.

Il n'y a donc qu'amour en nostre cœur,
Qui soit de nous et nos vices vainqueur :
Ouvrant en nous par divine merveille,
Si nous sentons ceste douce liqueur,
Après avoir souffert l'aspre piqueur
Du dur remors qui souvent nous reveille,
Nous sentirons cœur, œil, bouche et oreille
Sy pleins d'amour et de joye et de riz,
Que nous dirons : O Bonté nompareille,
Tu rends conténs les damnez et marriz.

Tu es tousjours et joyeux et content,
L'homme au rebours de toy se departant ;
Car il n'y a qu'ennuy en ton absence.
Immuable es, ferme, stable et constant ;
L'homme souvent se mue et change tant
Qu'il est (sans toy) plein de toute inconstance.
Mais toy, Seigneur, par ta forte puissance
Le rends tresfort, ferme, content, joyeux;

Car qui tousjours par foy voit ta presence
Est sy joyeux qu'il ne peult vouloir mieux.
 O Dieu d'amour, ô tresparfait amant,
Celuy qui ha de toy vray sentiment
Ne peult plorer, quoy qu'on luy face ou die;
De ta main prend, voire joyeusement,
Ce qu'il te plaist donner, peine ou tourment,
Repos, travail, santé ou maladie;
Car le plaisir d'ouyr la melodie
Du son tresdoux de ton divin parler
Le rend content sy fort qu'il ne mandie
Nul bien dehors, où plus ne veult aller.
 Dehors de toy, en tout l'exterieur
Ne peult trouver le meilleur espieur
Qui onques just, rien que travail et peine.
Abbé n'y a, ny Moyne, ny Prieur,
Qui n'ayt en soy Remors, ce grand crieur
Rendant tousjours conscience incertaine.
Où est le bien, l'argent ou le dommaine,
Où est l'honneur et le plaisant plaisir
Dont l'ame soit sy contente et sy pleine,
Qu'elle n'ayt plus le tourment du desir?
 L'enfant prodigue alla loing pour cercher
Ce qu'il pensoit le repos de sa chair,
Prenant plaisir (autant qu'il en peult prendre)
A dances, jeux et à s'escarmoucher
En maintz tournoys, où l'honneur couste cher.

En beaux festins desirant tout despendre,
Pour acomplir, comme il vouloit pretendre,
Tout son plaisir, le cerchant au dehors,
La povreté en fin luy feit entendre
Que ce n'est rien ce que peult voir le corps.

 Parquoy contraint de la necessité,
Ferma les yeux à l'immundicité
De ce dehors, et retourna en soy,
Où il congnut sa grande cecité,
Et de tes serfs la grand' diversité,
Qui vivent tous contens du pain chez toy.
O Pere doux, la rigueur de ta Loy
Tu luy monstras dont il dit : Peccavi !
Puis, luy donnant seur espoir par la Foy,
Tu l'embrassas, dont il fut tout ravy.

 L'homme hors de toy hors de soymesmes sort,
Mais demeurant en toy par divin sort,
Il est en soy, car sans toy n'ha nul estre.
Il est en toy joyeux et sage et fort,
Mais hors de toy, triste, fol, laid et ord ;
Voire et plus serf où plus cuyde estre maistre,
Du demourant des pourceaux veult repaistre,
Dont ne se peult jamais saouler le fol.
Las ! s'il goustoit du doux pain de ta dextre,
Il en seroit plus satisfait que fort.

 Qui a gousté, ô Pere, de ta main
La grand' douceur, de ton celeste pain,

De son desir ha satisfaction :
De joye il est et de plaisir sy plein,
Que d'autres biens n'ha plus ne soif ne faim,
Car en toy seul prend consolation.
Mais ceste faim, par grand' dilection
De tous les jours en manger, ne tarit :
Plus il en prend, plus croist l'affection
D'avoir du pain sans lequel il perit.

Mais s'il te plaist, Puissant, Superieur,
Le jetter hors en son exterieur,
Où il n'y a rien que tenebre obscure,
Ne voyant plus le bien interieur,
S'arrestera au monde inferieur
Plein de soucy, de travail et de cure.
Il jugera netteté toute ordure,
Et le bien mal, et le mal dira bien ;
Souspirs et pleurs seront sa nourriture,
Tant est cruel l'exterieur lien.

Son œil charnel rien que chair ne voirra,
Son cœur charnel rien d'esprit ne croira,
Parquoy, n'ayant que chair au cœur n'à l'œil,
Plaisir souvent desir luy envoyra.
Puis d'autre part quelque mot qu'il orra
Luy causera despit, regret et dueil.
Desir, courroux, le mettront au cercueil :
Car il ne peult tout son desir avoir ;
Rien que de mal ne peult faire recueil,

Qui son cœur met où bien ne se peult voir.
   Là n'est que pleur et grincement de dentz :
Car biens, honneurs et plaisirs evidentz
L'on veult avoir, et pour les acquerir
Vient mille maux, et fault mille accidentz ;
Et qui les ha trouve encores dedens
Desir bruslant de toujours en querir :
Et qui les perd, c'est assez pour mourir.
L'un va noyer son corps, et l'autre pendre :
L'exterieur ne fait rien que courir
Après le bien que la chair ne peult prendre.
   Mais si après avoir trop sejourné
En ce dehors, par toy est retourné
En ce dedens, en l'interieur homme,
Ayant du tout son corps abandonné,
Par ceste Foy et don de toy donné
Il s'esbahit ; et, regardant la somme
De ses pechés, et puis en voyant comme
Ta grand' bonté l'a tiré d'un tel lieu,
Et luy, enfant d'ire, ton filz le nomme,
La gloire en donne à toy seul, Seigneur DIEU.
   O quel plaisir, quand de tresorde fange
Se voit blanchy et fait cler comme un Ange
Par ta bonté, sans rien de son labeur !
O quel heureux et proufitable change
De serf à filz, et d'ennemy estrange
A un privé Amy à qui le cœur

DE L'AME FIDELE.

Est descouvert! Est il telle douceur
Que sent l'Esleu bien retourné en toy,
Qui en tes bras puissans n'ha nulle peur
D'estre laissé, ny retourner en soy?

    Tu Es qui Es, verité, voye et vie,
Vray DIEU d'amour, qui d'aymer nous convie,
Qui viz en nous : car sans toy sommes mortz.
Mais ton Amour, dont nostre Ame est ravie,
Un saint desir luy cause et une envie
De delaisser la prison de son corps,
Pour retourner dont elle vint alors
Que tu la mys dedens, pour en user
A ton vouloir, luy donnant un remors
S'elle vouloit de luy trop abuser.

    Qui peult avoir Estre que de toy seul,
Qui as formé tout par un seul clin d'œil?
Nul, s'il n'avoit autre DIEU Createur,
Ce qu'il ne peult, qui qu'en ayt joye ou dueil.
Tu Es qui Es, Nous rien, fors le recueil
Que tu en fais comme puissant facteur.
De ce qui n'est tu es le redempteur,
Le r'achetant de non Estre, à jamais,
Par l'union de toy son Servateur :
Rien Estre en toy ha, car tu luy prometz.

    Si tu n'estois de son Estre substance,
De qui auroit l'homme sa suffisance?
Il periroit, car il ne s'est pas fait.

Cent ans avant qu'au monde il eust naissance
Estre n'avoit en soy, mais en presence
De toy estoit, en qui tout est parfait.
Son Estre donc n'est, luy mourant, defait,
Car il estoit avant qu'il fust au monde.
S'il te congnoit son Estre, il est refait,
Et est heureux en l'un et l'autre monde.

   Voyant en soy et non en toy son Estre,
Commence toy et luy a descongnoistre,
Et prend Cuyder pour certaine science,
Il se veult tel que tu es apparoistre,
Bon, Juste, Saint; se faire à tous congnoistre
Sage, Saint, fort et plein de sapience ;
Nettoyer veult par soy sa conscience,
Et dit qu'il peult se damner et sauver,
Car il cuyde estre, et n'a plus de fiance
En toy qui Es, lequel ne peult trouver.

   Seigneur, en toy sommes, et Estre avons;
Te congnoissant ainsi que nous devons,
Toy seul voyons, sans plus nous regarder,
Tout le sçavoir en toy requis sçavons,
En toy pensons et vivons et mouvons,
Car il te plaist toymesme en nous garder;
Noz ennemis toy seul peux engarder
De nous tirer hors de ta congnoissance,
Povoir n'auront de l'esprit retarder
De donner loz à ta seule puissance.

O Pere doux, plein de dilection,
Ne permetz pas la separation
Qu'avons de toy par un Cuyder meschant.
Ferme noz yeux à propre affection,
A fin que toy par vraye intention
Tousjours voyons, et pas à pas marchant,
Saillons de nous avecques joyeux chant;
Entrant en toy qui es nostre seur Estre;
Sans que nul soit son Estre en soy cherchant,
Mais en toy seul nostre DIEU, Pere et maistre.

Tu es en nous vivant, et nous vivons;
Et ceste vie en nous bien esprouvons,
Sans qui, tous mortz sommes certainement :
Nous du tout mortz, qu'est ce que nous povons ?
Nous ne voyons, ne parlons, ne mangeons,
Car nous n'avons penser ny sentiment;
La vie en nous nous rend tous autrement :
Et toy, Seigneur, vivant, es nostre vie,
Qui nous rend telz que toy, où nullement
Mort n'ha povoir, mais par vie desvie.

Tu es la voye et le chemin tresample
Par où l'on va au grand celeste temple;
Car nul n'y peult par autre voye aller.
Aux pelerins tu es mis pour exemple,
Et celuy là qui mieux t'ayme et contemple
Est plus avant, et mieux en sçait parler :
Pource qu'aux tiens desire reveler

Ta volunté, à fin que chacun voye
Le droit chemin, n'as pas voulu celer,
Mais leur as dit : Je suis la vraye voye.

 Seigneur, qu'ell' est au cœur mondain estroite,
Qui est nourry en ceste fange moite,
Plein de plaisirs, et de biens et d'honneurs !
Qu'elle est aussi ample, agreable et droite
A l'Ame en toy faite sage et adroite,
Qui ne prend rien de tous autres donneurs
Fors de toy seul, desprisant tous Seigneurs
Pour t'obeïr et suyvre ton vouloir,
Ne croyant point les humains enseigneurs,
Mais ton esprit seul qui la fait valoir !

 Les biens que tant l'on desire amasser
Ne peuvent pas par ce chemin passer,
Ny les honneurs, ny les plaisirs aussi :
Mesmes le cœur premier y fault casser,
Rompre desir, et vouloir effacer.
Car si le corps n'est tout mort et transy,
Vuyde d'amour et de mondain soucy,
Entrer ne peult par ceste estroite porte,
Où nul ne va que par grace et mercy,
En delaissant le vieil Adam qu'il porte.

 Tu es la voye, et le chemin royal,
Qui porte l'Ame, en la tirant du mal,
Au lieu où est le bien inestimable.
La desloyale est par le tresloyal

Portée à force, et d'amour cordial
Tirée à luy : ô douceur admirable,
Qui maugré nous nous rameine à l'estable !
Et ne fault point que de ce nous ventons,
Car tu nous porte, cela est veritable,
Ce n'est pas nous qui la voye portons.

Qui ha de toy, ô voye, le sçavoir,
Autre chemin ne veult plus recevoir;
Par toy il va, là est sa suffisance;
Si lon luy dit, vien autre chemin voir,
Deçà, delà, pensant le decevoir,
Possible n'est; car d'estre en ta presence
Porté de toy, au lieu de toute aysance,
Est sy content que son œil autrepart
Ne peult tourner; et là est sa plaisance,
Dont autre voye et chemin laisse à part.

O Verité, à plusieurs incongnue,
Las, il est temps que ceste obscure nue
Où tu te tiens tu vueille rompre et fendre.
Tous bons espritz, te voyant retenue,
En gemissant desirent ta venue,
Que longuement tu fais ça bas attendre.
Helas, vien, vien, Seigneur JESUS, *descendre,*
Illuminant nostre tenebre obscure,
Fais nous bien voir nostre Rien, nostre cendre,
Et ta bonté, qui de Rien prend la cure.

Vien, Verité, au fondz de noz espritz;

ORAISON

Fais que le feu d'amour y soit espriz.
En congnoissant ceste bonté exquise,
Demonstre nous de qui sommes compriz
Et rachetez, et quel est le grand prix
Offert à DIEU *pour toute son Eglise.*
Vien, Verité, qui rien ne nous desguise,
Chasse l'erreur forgée par les hommes,
Brusle Cuyder par sy subtile guise
Qu'en DIEU *tout seul congnoissons qui nous sommes.*

 Nous, de peché prisonniers et captifz,
Pleins d'ignorance, aveuglez et chetifz,
N'avons pouvoir d'eschapper ce danger;
A faire mal sommes promptz et hastifz;
Car ignorans tes delicatz pastiz,
Pain de douleur il nous convient manger.
Helas, Seigneur, pour ce malheur changer,
Ta Verité fais en noz cœurs reluire,
Pour nous oster des mains de l'estranger,
Et à toi, Pere, en liberté conduire.

 O Eternel, en qui mon Tout je croy,
Tu es mon DIEU, *mon Seigneur et mon Roy,*
Toute bonté, sapience et puissance.
O JESUS CHRIST, *en qui mon Dieu je voy,*
Par ceste foy que de toy seul reçoy,
Tu es mon bien et ma vraye innocence.
Avoir ne puis de mon Rien congnoissance,
Si je ne suis en toy, qui t'es daigné

DE L'AME FIDELE.

Te faire Rien, des hommes l'oubliance,
Un povre vers tout nud en sang baigné.
 Las, tire moy à toy, doux JESUS CHRIST,
Fais qu'en ton Rien soye mort et prescript,
Tant que nul œil, ny le mien, ne me voye;
Brusle mon cœur d'amour par ton escrit,
Et mon Adam, mon cruel Antecrist,
Qui trop me fait retarder en ta voye.
Ton saint esprit me guide et me convoye,
Non plus mon sens ny mon Cuyder menteur,
A fin qu'en toy et non en moy je soye;
Lors tu vivras en moy, mon Redempteur.
 Tu t'es pour nous du tout aneanty,
Apres avoir et porté et senty
De noz pechés punition entiere,
A mort et croix pour nous tous consenty.
Promis l'avois (aussy n'as tu menty)
Que tu ferois redemption pleniere.
O mon doux Rien, vien rompre la barriere
De mon Cuyder, me faisant estre Rien,
Et, tout ainsy que soleil en verriere,
Reluys en moy, qui sans toy n'ay nul bien.
 Tres voluntiers à Rien tu t'es soubmiz,
A fin qu'à Rien Adam par toy fust mis,
Duquel avois prins la robe et figure;
Aussi vivant par Foy en tes amyz,
Les as fais Rien; et d'eux mesmes desmiz,

Ne sentent rien en eux que ta nature.
D'eux ilz n'ont plus congnoissance ny cure,
Car en toy sont, qui Rien as voulu estre:
Lors, ayant mis à Rien la Creature,
La reünis à son Tout par ta dextre.

Seigneur, qui as ceste divinité
Voulu cacher soubz nostre humanité
Pour Enfer vaincre, et la Mort et Peché,
D'Adam as pris l'habit d'humilité,
Lequel as mys par ta grand charité
A rien, l'ayant mort en croix attaché.
Toy seul l'as fait, et t'en es empesché;
Mais Adam mort, miz à Rien sur la Croix,
Soubz le manteau duquel estois caché,
As monstré DIEU, *par toy, en tous endroitz.*

O Adam mort, ô JESUS CHRIST *vivant;*
O morte chair, ô Cuyder miz au vent;
O povre Rien, jusqu'à Tout eslevé;
O la vertu qui rend puissant, sçavant,
Cil qui estoit foible et sot par avant!
Que ton Amour icy est approuvé,
Eslire Rien, damné et reprouvé,
Le transformant en Tout, en filz et frere;
Ame qui as ce parfait Rien trouvé,
Cours à ton Tout, plus ça bas ne differe.

Eternel Tout, qui peult à toy courir,
Sinon celuy que tu as fait mourir

Et mettre à Rien par ton filz tant amable,
Qui par sa mort l'est venu secourir
De son Cuyder qui le faisoit perir,
En le rendant du tout pareil au Diable,
Qui Ange feut en DIEU *beau et louable,*
Mais se voyant en luy et non en DIEU,
Par un Cuyder d'estre à son DIEU *semblable,*
Perdit le Ciel et n'eut plus autre lieu ?

 O JESUS CHRIST, *mon piteux redempteur,*
Qui m'as tiré de ce Cuyder menteur
En me monstrant mon Rien, ce que je suis,
Tu es l'amy et le sage inventeur
De tirer Rien à son Tout et autheur,
Apres l'avoir plongé au fonds du puits
De desespoir, et puis porté à l'huyz
Du haut du ciel, pour à son Tout le joindre,
La Creature unie au Createur;
Ce doux sçavoir à t'aymer nous doit poindre.

 Pere, qui vois dens ton filz honnoré
Ce povre Rien, du tout incorporé
Par la vertu de ton esprit tressaint,
Auquel toy seul es veu et adoré,
Non comme un DIEU *paint, visible et doré,*
Mais comme un DIEU *puissant, pour estre craint,*
Pour estre aymé de tous, d'un cœur non feint,
L'estre et la vie de toute creature
Tu tire à toy, par ton filz, mainte et maint,

Et Rien à Tout par Election pure.

O DIEU, ô *Tout qui ce Rien as tiré*
A toy par CHRIST, *auquel l'as martyré*
Et mis à rien par sa mort tant cruelle,
Apres qu'il a longuement souspiré
Pour du tout estre à son Tout retiré,
Se sent uny à toy, Vie éternelle.
Or est ce Rien creature nouvelle,
Incorporé tout en l'homme nouveau.
Sa morte chair resuscite immortelle
Par l'union de CHRIST *parfait et beau.*

Tout est sy Tout que l'on n'y sçauroit mettre
Ny adjouster, ny tirer ny omettre
Chose qui soit : Tout ne peult augmenter.
DIEU *est seul* DIEU *et seul Tout, qui soubmettre*
Ne se voudroit à nully, ny commettre
Ce qui est sien à nul; car contenter
Se peult tout seul, et nully presenter
Ne luy sçauroit, sinon ce qui est sien.
Luy seul se peult d'estre tout bien vanter,
Car hors de luy n'y a Estre ny bien.

Qui se peult donc joindre à ce Tout parfait?
Chose qui soit : car qu'est ce qu'il n'a fait,
Et dont ayt pris hors de soy la matiere?
Tout contient Tout, parfait et imparfait,
Vouloir, cuyder, penser, et dit et fait,
La mort, la vie, et tenebre et lumiere,

Le Ciel, enfer, par sy seure maniere
Qu'un autre Tout n'autre DIEU ne doit craindre.
Ce mot luy seul peult dire en sa bannière :
Je SUIS QUI SUIS, autre n'y peult attaindre.

 Le malheureux, le sot, le glorieux,
Qui bien cuyde estre et juste, et vertueux,
Se veult de DIEU par soy mesme approcher;
Mais ce Tout là, d'orgueil victorieux,
Ne veult souffrir ce Cuyder vicieux
Se joindre à luy, mais du hault du rocher
Jusqu'au plus bas le fait bien descocher,
En luy monstrant que Cuyder n'est pas prest
De voir, d'ouyr, de congnoistre ou toucher
Ce DIEU et Tout, qui Est celuy qui Est.

 O, qu'il est cloz devant nos yeux ce Livre!
Qui l'ouvrira pour nous faire tous vivre,
Rompant pour nous les seaulx de ceste Mort?
O doux Agneau qui les captifz delivre,
Qi de ton sang les guaris et enyvre,
Tu as pour nous icy fait ton effort.
Car par ta force as mis à rien le fort
Qui nous tenoit en prison d'ignorance.
O que tu as aymé les tiens bien fort,
Qui par ton sang en as fait delivrance!

 Toy, JESUS CHRIST, Agneau pour nous occis,
Qui de ton Pere à la dextre es assis,
As fait des seaulx et du livre ouverture;

Car nous, damnez et de pechés noirciz,
As retirez par peines et souciz
De ce Cuyder ; prenant nostre nature,
Que tu as mise à rien par sy grand cure,
Que ce Rien là avec son Tout as joint.
Toy, DIEU et homme, en es seule jointure,
Car Rien à Tout, sans toy, ne joindroit point.
 CHRIST, tu as mis et Dieu et l'homme ensemble,
Les deux paroyz differentes assemble,
Et Rien à Tout sy bien uniz et colle,
Qu'en tous les deux rien qu'un tout seul ne semble,
Qui est en toy par grace, il te ressemble,
Et n'ha plus rien de la vieille chair molle.
Chair tu t'es fait, ô tresvive Parole,
Pour nostre chair toute en toy transformer.
En toy vivons, en nous joue ton rolle
Qui contraint DIEU comme enfans nous aymer.
 DIEU n'ayme rien que son seul filz unique,
Et à sa voix ne fait nulle replique.
S'il est en nous et qu'il fasse priere,
Exaucé est, dont nous avons pratique ;
Car sa priere au salut il applique
De ses Esleuz, tirez de la perriere
De l'ignorance et obscure carriere,
Dedens son corps trescler et lumineux :
En luy voyons DIEU sans nulle barriere,
Car nous sommes par CHRIST hommes tous neufz

Homme nouveau, Rien en Tout transformé,
Combien tu as ce qui n'est rien aymé,
En te joingnant à luy; par tell' amour,
Que tu fuz Rien, et non homme estimé,
A fin que l'homme à ce Rien conformé
Fust joint à Tout par toy. O quel bon tour,
Faire en ce Rien et vieil homme sejour,
Pour à son Estre, Tout, et DIEU retirer,
Le Verbe chair, DIEU et homme en un jour !
Ce sçavoir là se doit bien desirer.

 Que sçauroit plus nostre Ame convoiter,
Ny à quel bien plus grand peult aspirer
Qu'estre à son DIEU, son Estre et Tout unie ?
Apres tel bien chacun doit souspirer,
Et à ce Rien peu à peu se tirer :
Parquoy l'on vient à celle compagnie
Des bienheureux, sy pleine et sy garnie
De DIEU, que DIEU tout seul l'on y peult voir,
Car Chair et Mort en est du tout bannie :
DIEU seul en tous vit par son grand povoir.

 O que noz corps, ça bas tant tenebreux,
Seront luysans au reng des bienheureux,
Quand DIEU en eux par sa clarté luyra !
Là se verra l'Amye et l'Amoureux
Perdre son nom maudit et malheureux,
Prenant celuy, qui bien mieux luy duyra,
De son espoux. Las, qui ne s'ennuyra

ORAISON

Devant le temps de ceste longue absence ?
O le bon jour qu'à l'espouse on dira :
Ame, voicy l'espoux vient en presence.

  O vray espoux, qui t'amye resveille,
En t'appellant par douceur nompareille,
Ta voix est douce à qui la peult ouyr,
Ta Parolle est plaisante à son oreille,
Mais plus au cœur, qui sy fort s'esmerveille
Qu'en toy se perd par trop se resjouir.
Ouyr et voir, posseder et jouyr.
Toy son Espoux, son Tout, son DIEU, son Pere,
Elle te tient, garde n'as de fouyr,
Car ta vertu entre ses bras opere.

  Je n'ay povoir, ny force, ny desir,
Pour assez fort desirer ce plaisir,
Pour assez fort souhaitter ceste gloire ;
Je la contemple à part moy à loisir,
En attendant qu'il te plaise choisir
Mon cœur au fonds de ceste abysme noire,
Et luy donner de ton eau vive à boire,
Pour le tirer hors de moy et de luy,
En luy monstrant ce qu'il ne sçauroit croire,
Si ta Foy n'est sa guide et son appuy.

  Seigneur, mon DIEU, mon bien est en ta main ;
Je le tiens seur, car toy, Roy treshumain,
Des grans thresors prens plaisir à donner,
Et par ton filz, nostre frere germain,

Veux habiter au povre genre humain,
Et ses pechés et fautes pardonner,
Voire et tes loix en leurs cœurs ordonner.
O quelle amour, et qui s'en deffiera,
Puis qu'il te plaist tes Esleuz gouverner?
Maudit soit il qui ne s'y confiera.

 Tu es la foy, l'espoir, la confiance,
La charité, repoz de conscience
De tes Esleuz, qui sans toy sont douteux,
Desesperez et sans foy, sans science,
Sans charité, repoz, ny patience,
Mais sont tousjours en ton chemin boiteux.
Et toy qui ez de leur bien convoiteux,
Leur donnes CHRIST, *qui oste leur foiblesse,*
Rendant hardiz les couardz et honteux,
Et remplissant les vilains de noblesse.

 Par ton cher filz de tous biens les remplis;
Par luy en eux sont du tout accompliz
Les mandemens de ton divin vouloir.
Leurs cœurs, leurs corps, sont d'amour sy remplis
Que povoir n'ont recevoir autres pliz;
Mais sont exempiz de tout autre povoir
Que de toy seul, qui les fais tant valoir
Et qui en eux te monstres valoir tant
Qu'ils sont raviz de toy seul en eux voir,
Et de te voir en eux tu es content.

 Mais qui pourroit le grand plaisir descrire

De l'union de toy, Seigneur et Sire,
Au povre Rien plein d'inutilité ?
Que peult ce Rien en toy penser ny dire,
Qui tout bruslant en toy d'amour souspire,
S'esmerveillant de ton humilité ?
Se voir uny à ta divinité,
Là il se perd et soymesme s'oublie
Pour te louer, dont sa nichilité
Par ta bonté as ainsi ennoblie.

   Plus il te rend de louenges et graces,
Et plus tes dons en luy ayme et embrasses,
Multipliant les premiers biens donnez.
Car de donner jamais tu ne te lasses ;
De fort aymer aussi tu ne te passes
Ceux que tu as esleuz et ordonnez
Pour estre aymez, et qui sont addonnez
A recevoir ceste Amour et la rendre
Par ton esprit. O que ceux sont bien nés
Qui ce grand bien peuvent tenir et prendre !

   Mais qui es tu, Sire, et qui suis je aussi,
Et que m'as tu donné par ta mercy ?
Et que t'ay je jusques icy rendu ?
Ces quatre poinctz me rendent tout transy,
Car de pechez je suis sy tresfarcy
Que je n'en ay un seul bien entendu.
Helas, Seigneur, si j'ay trop attendu
A me mirer et voir que c'est de moy,

DE L'AME FIDELE. 109

Vien moy tirer du lieu où suis perdu,
Me faisant voir un peu que c'est de toy.

 Si je te ditz bon, beau, puissant et sage,
Pere de tous, l'antique, de grand' aage,
Celuy qui fait tonner, venter, plouvoir,
Le seul amour facteur de tout ouvrage,
Qui tiens l'amour et l'enfer en servage,
La vie aussi subjette à ton vouloir,
Qui as sur terre et sur le Ciel povoir,
Ce n'est rien dit, point au vray je ne touche;
Car tu es tel, que te nommer et voir
D'un corps charnel ne sçauroit œil ny bouche.

 Tu es seul bon et parfaite bonté,
Tu es seul beau et la mesme beauté;
Seul sage et fort, puissant, victorieux;
Seul Roy, tenant la vraye Royauté,
Amour, douceur, sans nulle cruauté;
Le seur mary, le parfait amoureux,
Le redempteur du salut desireux;
Qui tiens ce Monde en ta main et t'en joue;
Tu es sy grand, parfait et glorieux
Qu'impossible est qu'homme mortel te loue.

 Tous les vivans ne te peuvent louer,
Il ne faut point à si grand jeu jouer;
Car l'homme en chair ne te sçauroit congnoistre.
Nous avons beau autour de toy rouer,
Nous ne faisons que ton Nom embouer,

Plus le cuydons faire à tous apparoistre;
Car ta grandeur nul ne sçauroit accroistre;
Ton Nom est tel et sy tresadmirable,
Que de ton filz seul nommé il peult estre,
Car à tout autre il est incomprenable.

 Qui suis je, moy qui veux monter si hault,
Sans æsle avoir, eschelle ou eschafault?
Me puis je bien au vray congnoistre et voir?
Je suis de fange, ou chose qui moins vault;
Un corps en qui toute vertu default;
A qui survient la nuict avant le soir
De brefve vie, et si tresteinte en noir,
Que le mal dure et le bien y est court,
Tant ignorant qu'il ne se peult pas seoir,
Mais à la mort, sans la congnoistre, court.

 Ma vie doit un songe estre estimée,
D'ombre passant de vapeur ou fumée,
Car tous les ans et les beaux jours sont telz.
Force et beauté n'est rien qu'une nuée,
D'un peu de vent defaite et abysmée.
Courte santé nous monstre tous mortelz,
N'honnorons point nos veaux sur les autelz
En nous louant, estimant nostre corps;
Car s'il n'est mis au reng des immortelz,
Mieux que vivant seroit au reng des mortz.

 Plaisir, honneur, santé, force et richesse,
Grace et beauté, et sçavoir et noblesse,

DE L'AME FIDELE.

Ne sont le bien de la felicité;
Car qui en fait recerche bien expresse,
Y trouve plus d'ennuy et de tristesse,
De mal, douleur, tourment, nécessité,
Que de plaisir. Si ceste cecité
De son orgueil peult hors de luy vuyder,
Qui suis je donc? Rien, plein d'adversité,
Remply de vent par un tresfaux Cuyder.

 Puis que par toy Rien me suis apperceu,
Qu'est ce, Seigneur, que j'ay de toy receu
Depuis le temps que je vins sur la terre?
L'Estre et la Vie. Et qui plus est, j'ay sceu
Que moy, filz d'ire, enfant d'Adam deceu,
Noir par peché, m'as fait cler comme verre
Par le baptesme, et qu'au corps me reserre
De ton cher filz, où est couvert mon mal;
Sans l'union duquel en ceste guerre
Je serois moins que le moindre animal.

 Apres auoir du baptesme rompu
Le grand serment, et fait le piz qu'ay peu,
Tu m'as donné au cœur contrition;
Puis au parler, de confesser vertu
Tout mon peché, et apres m'as repeu
Du sacrement plein de dilection;
Et declarer par predication
M'as fait ta Loy, remplie de douceur,
Me donnant Foy, par ton Election,

D'estre de toy Espouse, Mere et Sœur.

 Entre le ciel et terre m'as fait vivre,
Pour contempler en ce naturel livre,
Ton excellent et merveilleux ouvrage.
De tant de maux me suis senty deslivre
Par ta bonté, que je devrois estre yvre
De charité bruslant en mon courage.
Tu n'eusses sceu plus faire d'avantage
Que de m'avoir ton Filz aymé donné ;
Mais tous tes biens et celeste heritage
M'as pour l'amour de luy abandonné.

 Tu as ouvert son cœur jusques au fonds,
Dont par amour tes ennemys confonds
En ne povant ta charité nyer.
C'est la fournaise où tous noz cœurs tu fonds,
Les rendant purs comme quand sur les fontz
Il te les pleut reünir et lier
Au corps de CHRIST, qui n'ha demain ne hyer,
Car son temps est tousjours prest et present.
Ne doit pas bien l'homme s'humilier,
Qui n'ha nul bien sinon de ton present?

 Le don est grand, et selon le donneur,
Duquel le nom est tant digne d'honneur
Qu'il ne peult estre en nous, mortelz, compris.
Le don aussi d'un sy puissant Seigneur,
Qui du salut de tous est enseigneur,
Estre ne peult nombré ne mis à prix.

Au povre Rien du tout mys à despris
As donné Tout, ton Filz et toy ensemble.
Seigneur, tes dons m'ont tant d'amour espris,
Que je n'en puis dire ce qu'il m'en semble.
 Le don d'enhault ne peult estre compris
Ny entendu ça bas de noz espritz,
Si le donneur par son divin esprit
Ne le nous a enseigné et appris.
Mais s'il luy plaist, soudain sommes espris
D'ardente amour, quand de son saint escrit
L'esprit voyons, qui rend Adam prescript,
Voire et le mort en terre vivifie,
Voyant en chair nostre espoux JESUS CHRIST,
Qui nostre corps en son corps deïfie.
 Pour ce grand don donné et entendu,
Qu'est ce, Seigneur, que je vous ay rendu?
Helas, ce n'est que toute ingratitude.
L'honneur qui est à vous seulement deu,
De le tirer à moy j'ay pretendu;
Aussi j'ay eu grande solicitude
De cest Amour et service et estude
Que lon vous doit, oster et arracher;
L'attribuant, par ignorance rude,
A ma meschante et malheureuse chair.
 En lieu d'aymer toy, qui seul le mérite,
Je n'ayme rien sinon ma chair maudite,
De qui je fais mon DIEU et mon Idole.

Las, trop souvent pour elle je te quitte,
De mon prochain tresmal je m'en acquitte,
Encore moins d'honorer ta Parole.
Si je la liz, c'est comme un autre rolle;
Ou se j'y prens quelque peu de plaisir,
Soudainement hors de mon cœur s'en volle,
Pour donner lieu à quelque vain desir.

 Las, ignorer tes saintz commandemens,
Ta volonté et tes enseignemens,
Je ne sçaurois : car j'ay leu ta doctrine,
Et par dedens mille advertissemens,
Mille remordz, mille bons pensemens
De toy j'ay euz, par l'esprit qui ne fine
De m'enseigner ta douce discipline.
Mais à la fin, dont je dois avoir honte
Et desplaisir, en mon cœur ta racine
Prendre n'a peu, pour n'en tenir grand compte.

 Mon cœur, qui doit estre à toy tout entier
Pour te servir de temple et de moustier,
Servir l'ay fait pour larrons et meschans,
Car tous pechés y ont pris leur sentier,
Que plusieurs fois as voulu nettoyer,
Chassant dehors les vendeurs et marchans;
Mais retournez sont, sy avant marchants
Qu'au fonds du cœur ont usurpé ta place;
Et je les ay receuz à joyeux chants,
En desprisant toy, ton nom et ta grace.

A quoy tient il, Seigneur, que tu ne damne
Moy tresmeschant, qui moymesme condemne
Mon cœur, mon corps à torment eternel?
J'ay delaissé ta salutaire manne,
Trop plus croyant à Perrette et à Jeanne
Qu'à ton parler doux et spirituel.
Ingrat je suis et infidele, et tel
Que ton Enfer tresjustement dessers,
Et tu me monstre un amour paternel,
Qui suis indigne d'estre au reng de tes serfz.

Qui t'a esmeue, ô divine Clemence,
Qui t'a vaincue, ô tresforte puissance,
Qui t'a tiré et fait venir cy bas,
Qui a fait prendre à l'Agneau nostre offense,
Qui l'a contraint donner son innocence
A moy pecheur, qui ne te cerchois pas?
Qui t'a hasté de courir le grand pas
Comme un geant, me mettre hors de la meule
Qui me brisoit pour en faire un repas
Au grand enfer qui m'avoit en sa gueule?

Est ce pour bien qu'en peusses esperer
Que m'as sauvé? de me desesperer
En auras tu plus de gloire ou proufit?
Peux tu par moy nullement prosperer?
Veu, Monseigneur, qu'en lieu d'exasperer
Ton jugement, tu as dit, il souffit,
Voyant ton Filz, qui pour tous satisfeit :

Donné tu as remission pleniere
A ce pecheur, qui onques bien ne feit.
Dont vient cecy? quelle est ceste maniere?
　N'y cerchons rien que bonté simple et pure
Du Createur qui à sa Creature
Communiquer veult ses biens et thresors;
Qui, sans avoir horreur de son ordure,
Du corps d'Adam la separe et l'espure,
Pour n'avoir plus tous deux qu'un mesme corps,
Qu'un seul vouloir, sans tristesse ou remordz;
Monstrant qu'aymer est son vray naturel,
Que charité fait de sy grans effortz
Que le mortel Amour rend immortel.
　Pour noz vertuz, noz biensfaitz, noz beaux yeux,
Pour ton honneur, ton proufit ou ton mieux,
N'avons receu de toy (Seigneur) tel don;
Mais pour ton Filz, pour qui as fait les cieux.
Par le regard tant doux et gracieux
De toy à luy nous as donné pardon,
Par ceste Amour donné en abandon,
Qui de toy seul, voyant ton Filz, precede
Amour, tu es l'escharpe et le bourdon
Du Pelerin, que DIEU *par toy possede.*
　O mon cœur, dur plus que ferrée enclume,
Vien au marteau, qui, selon sa coustume,
Frappant sur toy, du tout te brisera
Et te rendra plus leger que la plume;

Vien au soleil, qui ta froideur consume :
Ne crains, car point ne te desprisera ;
Mesprise toy, plus il te prisera ;
Congnois ton Rien, lors il luy donra Estre ;
Delaisse toy, il ne te laissera ;
Ne mange plus, il te viendra repaistre.

Ne mange plus la terrestre viande,
Mais par Amour la celeste demande,
Qu'il t'a donnée avant que demander.
Son pain est tel qu'il guarit et amende,
Il resuscite, voire et ce qu'il commande
Fait acomplir ; luy seul peult amender
Tous noz defaultz ; parquoy recommander
Se fault à luy, criant : Je meurs de faim.
Helas ! Seigneur, vueilles çà bas mander
Aux languissants un morceau de ton pain.

Suis je damné, Seigneur ? est-il possible
Que ta bonté sy grande et invincible
Par mon peché et forfait soit esteinte ?
Y a il cas qui soit irremissible
A ton povoir, sy grand et indicible
Que tu peux tout ? Celuy qui ha ta crainte
Et ton Amour par foy au cœur emprainte,
Combien qu'il peche et t'offense à toute heure,
Le lairras tu quand à toy fait sa plainte,
Et son peché, pour l'amour de toy, pleure ?

N'as-tu pas dit qu'à quelconque heure et jour

Que le pecheur par foy et par amour
Son peché pleure et vers toy se retourne,
En confessant son lasche et meschant tour,
Ne voulant plus en mal faire sejour,
Ton œil piteux pour le regarder pleure;
Voire et si metz à ta justice bourne
Pour la changer en miseration,
Et du peché, veu que plus ne sejourne,
Tu n'auras plus de recordation.

   Qu'as tu donné au larron en la Croix,
A Magdeleine, estant en tous endroitz
Pleins de pechés, as tu fermé ta porte?
Ton serviteur, qui des fois jusqu'à trois
Te renya, ô puissant Roy des Roys,
L'as tu chassé hors de toy, par main forte?
Helas! nenny, mais bien d'une autre sorte
En as usé, comme d'amour ardent;
Par ton œil doux, qui chacun reconforte,
Leur as donné grace en les regardant.

   O doux regard, jusques au cœur perçant
L'ame et le corps et l'esprit traversant,
Vien moy navrer, fais ton povoir sentir
A mon dur cœur, en peché malversant,
Que desespoir va de sy pres pressant
Qu'il fait quasi l'espoir de moy sortir.
O forte Amour, vien moy anneantir
Par ce regard tant doux et amyable;

Oste peché, qui ne fait que mentir
En se disant estre irremediable.
· Si ta bonté, Seigneur, me veult sauver,
Pourra Sathan sur moy peché trouver
Qui soit vainqueur de ta dilection?
Si ton sçavoir, qui tout sçait esprouver,
Me prend pour filz, qui me peult reprouver
En allegant mon imperfection?
Si ton povoir donne remission
A mes pechés, qui s'y peult opposer?
Helas! nully, car ton Election
L'indigne fait digne de t'espouser.

Digne par soy, je sçay tresbien que non;
Mais en ayant la chair, le sang, le nom
De ton cher Filz, non plus de l'homme vieux.
Pere eternel, duquel tout bien tenon,
Sentans en nous ceste odeur et renom
De ce JESUS, vers nous tourne les yeux.
En nous tu prens plaisir delicieux;
Car quand tu sens la tressuave odeur
Du vestement qui est sy precieux,
Nous prens pour beaux, couvrant nostre laideur.

Sauvé je suis, je n'en puis plus douter,
Nul ne me peult separer ny oster
De ceste Amour que par ton Filz me portes.
Puis que i'ay peu par Foy ce don gouster,
Le hault du Ciel ne m'en peult debouter :

Car mon Sauveur ha la clef de ses portes;
Le bas enfer ne ses puissances fortes
N'y ont povoir, ny mort, ny maladie.
O CHRIST vainqueur, qui salut nous apportes,
L'ame tremblante rens tresseure et hardie.

 Qui craindra plus, voyant telle promesse?
Qui pleurra plus, voyant tant de liesse?
Qui cerchera meilleure seureté?
Qui ne lairra tout ennuy et tristesse?
Qui ne prendra en son cœur hardiesse?
Qui ne sera par la Foy arresté
De s'asseurer, voyant la fermeté
Du DIEU d'amour qui pour rien ne se mue,
Mais noz pechés, misere et povreté,
En ses vertus et merites commue?

 O mon esprit, à fin que vous soyez
Du tout content, par l'œil de Foy voyez
CHRIST, qui a pris sur luy tous noz meffaitz
Et de son sang bien cherement payez,
Parquoy plus rien ne devons : car croyez
Qu'il a porté sus luy tout nostre faix,
Pour en son corps nous rendre tous parfaitz,
Plaisans à DIEU et purs comme les Anges.
O Seigneur DIEU qui tant de biens nous fais,
Remplis noz cœurs d'eternelles louenges.

 O cœur craintif, qu'est ce donc que tu crains?
Va à ton DIEU, et de parler ne feintz,

Luy declarant tout ce que tu desires.
Ne me crois tu ? va aux Saintes et Saintz,
Demande leur qui les a faitz sy pleins
De ceste grace apres qui tu souspires ;
Et si ce sont leurs biensfaitz et martyres,
Croy en leurs ditz, fais ce qu'ilz te diront,
Suy leur exemple et devers eux te tire,
Ou autrement les Saintz te jugeront.

Saint Paul a dit : « *Toutes noz passions,*
Croix, mort, tourment, jeusnes, afflictions,
D'avoir le Ciel ne sont en rien condignes :
J'estois Pecheur, remply d'affections,
Executant les persecutions
Envers tous ceux qui du CHRIST *portoyent signes ;*
Les bons Chrestiens pleins de vertuz insignes
Mettois à mort, et cuydois faire bien ;
Mais CHRIST *soudain, par ses vertueux signes,*
D'un grand tyrant parfit un bon Chrestien. »

N'a pas aussi un Prophete chanté
Que noz biensfaitz, noz œuvres à planté,
Voire et noz plus excellentes justices,
Quand devant DIEU *le tout est esventé,*
Pesé, reveu, belutté et vanté,
Sont trouvez pleins d'ordures et de vices ?
Ainsi qu'un drap pis que ceux des nourrices,
De sang vilain que l'on n'ose nommer,
Sont noz biensfaitz et noz devotz offices ;

Lesquelz ne veult de rien plus estimer.

 Mais quel conseil nous donnas tu, saint Pol,
Pour rendre fort nostre cœur foible et mol?
Nous demandons ton ayde et adresse.
Or, puis qu'avons retiré nostre col,
Ce dit saint Paul, du peuple vain et fol,
Et qu'avons mis nostre fiance expresse
D'entrer aux lieux sainiz et pleins de liesse
Par le pur sang de JESUS, *par la voye*
Qu'il a monstré en douleur et oppresse,
La nous donnant vive à fin qu'on la voye,
Par voile cler de sa chair precieuse
Povons bien voir qu'en chaire glorieuse
Nous avons tous un Sacrificateur,
Grand et puissant sus la maison heureuse
De nostre DIEU : *parquoy, Ame amoureuse,*
Va donc sans peur à ce doux Salvateur ;
Ayant, par foy, certitude en ton cœur,
Ostant de toy mauvaise confiance ;
Confession tien ferme, sans erreur
De ton espoir et parfaite science.

 Et qu'en dis tu, saint Jean, doux secretaire,
A qui fault il adresser nostre affaire ?
Enfans, dit il, si vous avez peché,
Un advocat tant doux et debonnaire
Que l'ennemy ne sçauroit faire taire
De vostre fait s'est tout seul empesché ;

Or va à luy pour estre depesché
De tous pechés : c'est JESUS CHRIST le juste,
Qui pour toy fut à la croix attaché,
Et ne crains rien, combien que sois injuste.

   Toy qui plouras sy fort ton dur meschef,
Pierre, auquel fut commise la grand clef
Du vray David, qui seule ferme et œuvre,
Dy nous qui est le Seigneur et le chef
A qui devons racompter nostre gref
Pour en avoir secours. Or nous descœuvre
Ce grand secret : Le DIEU, dit il, qui œuvre
De son Amour tout ce grand firmament,
A donné CHRIST son seul Filz et chef d'œuvre,
Pierre sur qui tout bien prend fondement,

   Pierre qui feut jettée et reprouvée,
Et comme rien des Juifz approuvée,
Qui feut, en fin, pour chef de l'edifice
Mise en l'anglet ; quand bien feut esprouvée,
Des deux paroys l'union feut trouvee ;
Luy seul nous est et Prestre et Sacrifice,
Luy seul, pour nous, a fait sy bon office,
Qu'en autre nul ne fault salut cercher.
Nul autre nom n'est aux hommes propice
Pour les sauver, que ce JESUS tant cher.

   O Dame heureuse et digne par sus toutes,
Je te requiers que maintenant m'escoutes,
Par la douceur dont tu es toute pleine,

*Et que du tout hors d'erreur tu me boutes,
En me rendant trescertain de mes doutes;
Car en sçavoir tu es la souveraine.
Tu as en toy la source et la fontaine
De sapience et de divinité.*
DIEU *parle en toy, non de parole vaine,
Mais verité, douceur et lenité.*

   Fille de DIEU *et de son seul Filz mere,
Du saint Esprit l'espouse non amere,
Car de douceur et d'amour es remplie,
En toy reluit la puissance du Pere,
La sapience aussi du Filz opere
Dedens ton cœur, et, pour estre acomplie,
Du saint Esprit l'amour qui multiplie
Se voit en toy, tant qu'à la verité,
Pour t'honnorer fault que tout genoil plie,
Voyant en toy le* DIEU *de Charité.*

   *Il est en toy ce puissant, sage et bon,
Qui t'a sy fort remplie de son don
Que rien que luy en toy l'on ne peult voir.
Vierge de cœur, de fait et de renom,
Qui as receu le tresexcellent nom
D'estre la mere au* DIEU *de tout povoir;
Mais toutesfois pour tant de grace avoir,
Tu n'as de toy jamais estime faite;
Car d'un cœur humble as tousjours fait devoir
De rendre à* DIEU *gloire entiere et parfaite.*

Je suis certain, ma Dame, n'estre qu'un
Ton Filz et toy; et que tout en commun
Sont mis les biens de DIEU avecques toy;
Mais nous vivans çà bas, en cest aer brun,
Nous y querons DIEU et toy, car chacun
Juge de toy ainsi qu'il fait de soy.
Mais s'il te plaist, lampe pleine de foy,
En qui se voit de Charité le feu,
M'illuminer de ce que faire doy,
Je ne tiendray ce grand bienfait a peu.

Las, je me meurs, car je n'ay plus de vin,
De ce breuvage amoureux et divin,
Qui donne vie au corps, aussi à l'Ame;
Aller ne veux à sorcier ny divin,
Mais en pleurant, ayant le chef enclin,
Secours je viens cercher de toy, ma Dame.
Qu'en dis tu donc, ô tresheureuse femme,
De tout peché exempte, et nette et pure?
Oyez ces motz, qui sont plus doux que basme,
Que plus au long verrez en l'Escriture :

Ame, qui as par faute de breuvage
Extreme soif, lieve toy, prens courage;
Va à mon filz, fais ce qu'il te commande :
C'est ton facteur et tu es son ouvrage;
Il t'a, par mort, acquis son heritage,
Il est à toy; ne crains; va et demande
Ce qu'il te fault; il te dit que ta grande

Hydrie et cœur tu ailles remplir d'eau.
Et si de cœur tu pleures, pour l'amende,
Ton eau sera tournée en vin nouveau.

 Prens donc exemple à moy, joue mon rolle;
Et sors dehors d'ignorance la fole,
En me suyvant; et voy ce que j'ay fait.
J'ay fermement creu la sainte Parole
Par qui le cœur de l'homme à son DIEU *vole.*
J'ay aymé DIEU *d'un amour tresparfait,*
Et mon prochain d'un cœur non contrefait;
Et devant luy me suis moins estimée,
Qu'un povre Rien. S'ainsi fais, en effect,
Aymé seras, comme je suis aymée.

 Puis qu'ainsi est, ô mon Ame plaintive,
Que tu congnois ceste Parole vive
De ceste Dame et mere du Sauveur,
Et des bons Saintz rempliz de foy naïve,
D'aller à DIEU *ne dois estre craintive,*
Mais y courir par tresgrande ferveur.
Puis que conseil t'est donné et faveur
Des benoitz Saintz et de sa digne Mere,
Va hardiment gouster ceste saveur,
Sans t'arrester pour compere ou commere.

 A toy, Seigneur, qui me donne conseil
Par tes aymez, lesquelz comme un Soleil
Ont esclaircy ma doute tenebreuse,
A toy je viens, qui n'has point de pareil,

Et par ton Filz couvert de sang vermeil,
Dont son corps est la fontaine amoureuse,
Par ce ruisseau mon Ame est desireuse
De sauter hault à toy, vie eternelle;
Mais pour garder qu'elle ne soit peureuse,
Ton saint Esprit luy donneras pour elle.

  Sur la montaigne et le fleuve Iordain,
Et en la tourbe, a d'un chant treshumain
Dit à qui c'est qu'on se doit addresser;
Cestuy cy est mon Filz, ô Peuple vain,
Oyez ses ditz sans attendre à demain.
En luy j'ai pris tout plaisir sans cesser;
Je me complais en luy; c'est mon penser,
Ma volonté et mon œuvre tresbonne,
Qu'à tous Esluz, pour vers moy les dresser
A leur Salut, par charité je donne.

  Saint Jean a dit : C'est l'Agneau pur et munde
Portant sus luy tous les péchés du monde.
Chacun Prophete en a autant predit;
Mais JESUS Christ, auquel tout bien abonde,
Pierre tresferme où DIEU l'Eglise fonde,
Oyons un peu que c'est qu'il nous a dit :
Venez à moy, vous tous qui du maudit
Monde remply, de peché, mort et peine,
Estes chargez; j'ai povoir et credit
Vous soulager et donner grace pleine.

  Tu as les bras ouverts, clouez en Croix,

Là tu m'attens, pour (ainsi que je crois)
Me faire aller à fin que je t'embrasse
Dedens mon cœur, dont tout le fonds tu vois;
Me tire à toy par une douce voix :
Et qui plus est, tu tiens la teste basse,
Me conviant d'aller baisér ta face;
Ton cœur ouvert, de charité la source,
Tu as pour moy, à fin que je ne face
Plus de sejour de peseher en ta bourse.

O CHRIST *en Croix, tu es la vraye eschelle*
Par qui le Ciel se ravist et eschelle,
Qui as pour nous fait telle violence,
Que tu as prins Hierusalem la belle
Par une mort plus dure et plus cruelle,
Et de qui vault trop mieux la recompense,
Que le peché n'estoit grand, ny l'offense
Du povre Adam, qui nous en feit bannir.
O douce eschelle, à t'embrasser m'avance;
Car tu me peux seule à mon DIEU *unir.*

O JESUS *Christ, en croix crucifié,*
Où mon Salut tu as édifié,
Sçavoir ne veux sinon toy seulement.
Car si en toy je suis mortifié
Et bien cloué, je suis certifié
D'avoir Salut en ta mort et tourment.
En toy ne crains de DIEU *le jugement,*
Veu que pour moy as esté condemné;

Car en mourant m'as acquis sauvement,
Qui justement devois estre damné.
 Pour obeïr à DIEU le Toutpuissant,
Pour estre à toy, JESUS, obeïssant,
Et à ta Mere et à tous Saintz et Saintes,
Par ton esprit, dont le feu mon cœur sent,
A toy je viens, clerement congnoissant
Qu'il fault oster toutes doutes et craintes
Pour embrasser ton corps, où sont esteintes
Par ta vertu noz imperfections,
Et dedens luy, qui convie maintz et maintes
Joyeusement souffrir ses passions.
 Entre, mon cœur, hardiment au costé
De ce JESUS, auquel as cher cousté ;
Laisse le corps d'Adam et va au sien.
Sois aussi seur, comme tu as douté,
Qu'au corps de CHRIST ton peché t'est osté,
Lequel pour toy l'a du tout mis à rien.
N'aye regard à nul bien terrien,
Prens ton plaisir en tourment, mort et peine ;
Baise la Mort comme le doux lien
Qui à ton DIEU par JESUS CHRIST te meine.
 O Mort, qui fuz tant crainte par la Loy,
Que belle et douce en JESUS je te voy !
Je te desire, et si t'ayme et embrasse.
O don de Dieu, tresasseurée Foy,

Par qui la Mort pour vie je reçoy,
Que je ne crains de baiser en la face !
O le repos de ceste vie lasse,
L'entrée et l'huys de ma felicité,
Par qui l'espouse à son doux espoux passe
De toy (sans plus) avons necessité.

 Jesus en Croix, où je vois clerement
Ceste laideur de Mort entierement
Morte et defaite, avec son amertume,
Et transformée en sy beau vestement
Que, la voyant en toy, parfait amant,
Pour toy je l'ayme, encontre ma coustume ;
Et les tourmens, où tresmal m'acoustume,
En toy je prens doucement et retiens,
Car en toy sont plus legers que la plume,
Qui de ta main leur pesanteur soustiens.

 Puis qu'en ton corps par grace tu m'unys,
Et de tes dons et vertuz me munys,
Tu fais en moy ton operation :
Par toy de moy tous pechés sont bannys ;
Et si en moy par tourment les punys,
Tu souffre en moy la tribulation ;
Ta patience et consolation
M'oste de Mort et d'ennuy la douleur ;
Je ne sens rien que ta dilection,
Ouvrant en moy mort et vie en douceur.

O DIEU puissant, qui ton verbe as fait Chair,
Fais le dedens ma chair morte approcher,
Faisant en moy son operation;
Qu'il soit mon voir, mon parler, mon toucher,
Et mon ouyr, mon gouster, mon marcher,
Et mon penser, vouloir, affection.
O DIEU, en nous par ta dilection,
Et par ton Filz, viens moy mortifier;
Ton Verbe, fait chair, par sa passion
Peult mon cœur mort du tout vivifier.

O JESUS Christ, mon tourment et ma mort,
En mon tourment soyez moy reconfort,
Et en ma mort ma vie estre te plaise;
Embrasse moy et m'ayme sy tresfort
Que ton amour face en moy tel effort
Que fortement je t'embrasse et te baise.
Voire et dedens l'amoureuse fournaise
Fais moy brusler pour estre à toy semblable,
A fin qu'amour de desirer s'appaise
Par l'union du seul bien desirable.

O Vierge et mere du Salut de nous tous,
Et vous, Esluz charitables et doux,
Anges, aussi remplis d'amour divine,
Je vous requiers, mettez vous à genoux,
Et annoncez, disant à mon Espoux,
Que forte Amour par desir ne me fine

De tourmenter jusques à la racine;
Qu'il vienne donc abbreger mes longs jours;
Car luy TOUT SEUL *en est la medecine.*
Las, vien, JESUS, *car je languiz d'amours.*

ORAISON

A

NOSTRE SEIGNEUR JESUS CHRIST

MON Createur, qui avez congnoissance,
Devant l'heure de mon estre et naissance,
Que ce seroit, que c'est et que doit estre,
Vous sçavez tout ce que je veux et pense,
Quel est mon bien, quelle est mon indigence ;
Vous voyez tout, sans un seul poinct omettre,
Humiliant soubz vostre forte dextre
Tous les humains, monstrant vostre puissance ;
Je viens à vous en telle reverence
Non que je doy, mais à vous me soubmettre,
Comme à celuy où j'ay ma confiance,
Vous suppliant en tresferme asseurance
Tous mes pechés effacer et remettre,
Et vostre amour me donner, et permettre
Que vive Foy m'oste toute doutance,

En me baillant de vostre grace lettre,
Qui contre tous me serve de defense.

   O Redempteur, craindray je d'approcher
Vostre bonté, veu que la propre chair
Que nous portons, vous avez daigné prendre ?
Comme DIEU, *nul ne vous povoit toucher,*
Ne à terre du hault ciel arracher,
Si par amour ne vous eust pleu descendre.
Divinité avecques nostre cendre
Avez uny : las, qui le peult comprendre ?
C'est un effect qui vous a cousté cher.
Bien est le cœur de fer ou de rocher
Qui par amour ne deust partir ou fendre :
Car, sans semblant faire de vous fascher,
Tout vostre corps avez laissé hascher,
Piedz, mains percer, et mort en la croix prendre,
Et par ruisseaux vostre saint sang respandre,
Pour, du signe TAU, *noz frontz mercher.*
Qui ne vous rend amour est à reprendre,
Et luy doit on tous voz biens reprocher.

   Des tenebres vray illuminateur,
Doux Paraclet, à vous cecy j'addresse :
Des desvoyez vous estes conducteur,
De tous dangers la garde et protecteur,
Qui delivrez nostre esprit de tristesse,
Et le gardez que peché ne l'oppresse,
En le tirant du tout hors de la presse ;

Car de vice vous estes destructeur
Et de vertus l'entier restaurateur,
Tant qu'une ame pis que morte ou ladresse
Vous guarissez. O vivificateur,
Voyez un peu l'estat où est mon cœur,
Aride, sec, sans grace ne sans gresse.
Puis qu'ainsi est que Charité maistresse
Est de tous biens, et vous le donateur,
Amour me fait vous demander sans cesse
Grace et amour, dont du refuz n'ay peur.

Vostre nom est sy grand et admirable,
Que naturel esprit ou raisonnable
Ne vous sçauroit nommer parfaitement :
Tous noms avez, estant innominable,
Dont nostre sens est sy trespeu capable
Qu'il ne congnoit que c'est, quoy ne comment.
Il me suffit de croire seulement
Que de tout bien estes commencement,
Moyen et fin, en tous temps immuable,
Puissant, bon, beau, sapient, veritable.
Car tous les noms que nostre entendement
Vous peult donner en chose vray semblable,
Cela n'est rien, veu qu'indiciblement
Estes celuy qui Estes, vrayement,
Dont à nous est le sçavoir importable.
Mais congnoissant que nostre sauvement
Vient de JESUS, *Nom sur tous admirable,*

Sauveur JESUS, *vous appelle humblement.*

 Quel est le Nom, telle est vostre louenge,
Tant que je croy qu'il n'y a Saint ny Ange
Qui au Parfait jamais y sceust atteindre.
Si pour jeusner, aller nuds piedz, en lange,
Batre mon corps ainsi que blé en grange,
Ou cent Psaultiers à dire me contraindre,
Je vous povois assez louer, sans feindre
Je le ferois ; mais je ne puis restreindre
(Ainsi qu'un corps tient en soy ce qu'il mange)
Vostre vertu, non le bout de la frange
Assez louer : car la louenge est moindre
Que la bonté qui ne se mue ou change.
Parquoy, voyant que ne puis faire eschange
De la louenge à vous (dont le Nom paindre
Nul ne sçauroit), mieux vault que je me range
A humblement aymer ce que doy craindre,
En me taisant, considerant ma fange,
Et par taiser, de louenge me ceindre.

 De voz graces, de vostre Charité,
De tant de biens que je n'ay merité,
Le grand mercy vous rendre est impossible.
D'avoir creé par grand' benignité,
Non pour proufit, honneur, commodité,
Nostre ame et corps, c'est un bien indicible ;
Puis racheter en douleur sy passible,
Par honte, mort, croix, passion penible,

*Vestu du corps de nostre humanité,
Et sans l'ayde de la Divinité,
Qui delaissa la partie sensible.
O doux* JESUS, *à dire verité,
Vostre amour est de telle qualité
Que la source en est inespuisible.
Bien que l'effect par mort nous est visible,
Si est il tel, que mon infirmité
Le mercier treuve incomprehensible :
Contentez vous de nostre humilité.*

  Helas, mon DIEU, *on ne sçauroit trouver
Semblable à vous, qui daignez preserver
Voz rachetez et creez serviteurs.
Vous les voulez maintesfois esprouver,
Pour voz graces mieux en eux approuver,
Par maints plaisirs, richesses et honneurs ;
Puis par peines, maladies, labeurs,
Craintes, hontes, pertes, ennuys, douleurs,
En les faisant en vostre vigne ouvrer,
Pour voz vertuz en eux mieux conserver.
Mais quand voyez le travail de leurs cœurs
Importable, par leur ame observer,
Les delivrez, sans vouloir reprouver
Vostre ouvrage, en couvrant leurs erreurs,
Pour qui avez jetté larmes et pleurs
A fin de tous par amour recouvrer,
Et leur Enfer, punition, langueurs*

Avez voulu pour vous seul reserver.

 Que diray je de mes maux et pechés?
Las, Monseigneur, ilz me sont sy cachez
Que je n'en sçay le nombre ne la somme ;
Dedens mon cœur les sents sy attachez
Que, si par vous ilz ne sont arrachez,
Ilz me feront dormir en piteux somme ;
Car ma vertu je n'estime une pomme
Pour les oster ; et nul autre ne chomme
Me faire mal, fors vous seul, qui taschez
A me guarir des maux que j'ay maschez,
Voyant mon cœur qui en eux trop s'assomme.
Mes ennemis ont contre moy laschez
Tous leurs effortz sans en estre faschez,
Pour m'enterrer où tout bien se consomme.
Car mes pechés (dont un seul je ne nomme)
Sont infinys, et sy menu trenchez,
Que sans l'espoir de vous, vray Dieu et Homme,
Jamais de moy ne seront destachez.

 Je ne crains point pour la punition
De mes pechés avoir damnation,
Ne vostre Enfer, où se punit tout vice ;
Car merité je l'ay sans fiction,
Si par grace je n'ay remission.
Certes je dy que rigueur de Justice
Me condemnant ne fait que son devoir ;
Mais mon regard est que par ma malice

A JESUS CHRIST.

J'ay offensé tant de perfection,
Tant de bonté, douceur, dilection.
Source d'amour, d'ordre, reigle et police;
De moy, sans plus, vient la perdition,
Qui par amour, en grand' devotion,
Ne doy cesser de vous faire service.
Las, vueillez moy, mon DIEU, estre propice,
Non pour la peur de ma confusion,
Mais pour avoir tousjours part au calice
Du merite de vostre passion.

 En me damnant ferez vostre devoir,
Je l'ay gaigné, chacun le doit sçavoir,
Car devant vous et le Ciel est notoire.
Mais, mon Sauveur, vous avez le povoir
Du fond d'Enfer me tirer et avoir;
Rien qui ne vaux, ny ne puis rien valoir,
Et que ma vie soit d'inutile histoire,
Mon cœur povez changer en blanc pour noir,
Et par grace de vertu me pourvoir,
Couvrant mes maux sans en avoir memoire.
La Mort ne crains, ny Enfer une poire;
Mais de perdre le grand bien de vous voir,
Sy dur penser ne puis doucement boire:
Sauvez moy donc par vostre grand vouloir.

 Las, oubliez les fautes de jeunesse,
Soit par vouloir, par malice ou finesse,
Fragilité, folie ou ignorance.

Je viens à vous, prenant la hardiesse,
Me confiant du tout en la promesse
De mon salut, par vostre grand' souffrance;
Car de penser que peine ou penitence
Peust meriter d'emporter la balance
De mes pechés, ce seroit grand' simplesse.
Par quoy, sans plus, en la tresgrand' largesse
De vostre amour fonde mon esperance.
Mettez mes maux du tout en oubliance,
Et les couvrez par vostre grand' sagesse,
En me faisant sentir l'experience,
Par vive Foy, de la bonté immense
Qui procede de vostre grand' hautesse,
Me retirant par vostre Sapience
De l'abysme de peché et bassesse.

Puis qu'il vous plait que Pere je vous clame,
Je le feray, bien que ce me soit blasme
De n'avoir rien de voz conditions.
O douz Pere, doux Nom, je vous reclame,
Ne souffrez pas que l'ennemy infame
Me jette hors de mes possessions;
Car fussent ilz cent mille millions,
Et tout Enfer plein de tentations,
Je ne les crains, ne leur feu, ne leur flamme.
Mais que mon cœur vostre amour bien enflamme
Tant que mes faitz et mes intentions
Puissent monstrer, sans craindre homme ne femme,

Que je ne crains que vostre honneur et fame,
En vous rendant de graces actions,
Croyant pour vray que voz affections
De bon Pere veulent bien sauver l'ame
A qui donnez des tribulations,
Quand le corps mort repose soubz la lame.

Mon Pere donc, mais quel Pere? eternel,
Invisible, immuable, immortel,
Qui pardonnez par grace tout forfait,
Je me jette ainsi qu'un criminel
A voz saintz pieds. O doux Emmanuel,
Ayez mercy de moy, Pere parfait;
Car j'ay pensé, voulu, et dit et fait
Tant de fautes que mon cœur est defait,
Plein de peché pire que veniel,
Dont je sents bien le mal estre mortel;
Mais par vous seul il peult estre refait.
Sacrifice vous estes et autel,
Qui avez fait un sacrifice tel
Que vous mesmes en estes satisfait.
Voz merites effacent mon meffait.
Recevez donc, Prestre sempiternel,
Cœur, corps, esprit, le tout trop imparfait,
Vous montrant doux, piteux et paternel.

Quand la bonté de vostre amour recorde,
Et que je voy l'abysme obscure et orde
Dont le profond me veut trop retenir,

Je vous requier que, par misericorde,
Vous me jettiez une bien longue corde,
Pour me tirer où je me veux tenir.
Helas, mon DIEU, *vueillez vous souvenir*
Que vous avez en terre fait venir
Vostre seul Filz, qui à vous nous accorde.
Sans luy à vous, Seigneur, nul ne concorde.
Mais puis qu'homme luy a pleu devenir,
Donné nous a par mort paix et concorde;
Le Testament est scellé sans discorde,
Que vous avez promis de maintenir :
Ainsi le croy et le veux soustenir.
Or chassez donc Peché, qu'il ne me morde,
Et je vivray en Foy de l'advenir,
Sans que mon cœur conscience remorde.
D'avoir gardé vostre commandement,
En vous aymant de cœur entierement,
Comme il vous plaist, point ne fault que me vante;
Je proteste que j'ay fait autrement.
Car moymesmes j'ay aymé folement,
Pour rendre en tout ma volonté contente.
Et vous, en qui doit estre nostre attente,
J'aymois pour moy, m'arrestant à la rente
Des biens receuz de vous presentement,
Et en espoir d'autres abondamment
En recevoir; et (à fin que ne mente)
Souvent vous ay prié devotement

*Pour m'oster hors et garder de tourment,
Tant que sembloit que j'eusse amour fervente.
Las, donnez moy, mon* DIEU, *amour ardente,
Dont la bonté de vous soit fondement,
Et qu'en vous seul soit ma fin et pretente,
Sans avoir plus d'autre amour sentement.*

 De vous dire, mon DIEU, *mon Pere et Roy,
Ce que vous seul sçavez trop mieux que moy,
A moymesmes je sçay que je fais tort;
Car vous louer ne puis comme je doy,
Ne mercier des biens que je reçoy,
Ne confesser le mal qui me remord.
Satisfaire ne puis à nul effort,
Ne parvenir par mon labeur au port
De la grace, par laquelle je croy
Que sauverez tous ceux qui par la Foy
Ont mis en vous leur fiance et confort.
Nully, fors vous, n'a accomply la Loy;
Nostre ouvrage est de sy mauvais aloy
Que le meilleur est mauvais, sale et ord;
Parquoy, voyant que fin, rive ne bort
En vostre bien ny en mon mal ne voy,
L'impossible de vous louer bien fort
Loue en taisant, ce que bon j'apperçoy.*

 *Aveuglez moy de vostre grand' lumiere,
Dont mon esprit ne congnoit la matiere,
Forme ou façon congnue au regard sien;*

Mais les effectz sont en telle maniere
Qu'au plus profond de sa fosse et tasniere
Voit que d'elle procede tout son bien :
De la clarté, si, comment et combien
Elle est grande, lors il n'y entend rien.
Et plus se rompt de ses yeux la barriere,
Et plus il ha de regarder moyen,
Plus il confesse son regard terrien
Indigne à voir ceste clarté entiere.
Le vouloir voir, c'est volonté trop fiere;
Mais d'absorber en soy ce qui est mien,
Par ses doux rayz, je vous en fais priere,
Pour deslier mon obstiné lien.

 Mon long parler, trop inutil, mal sonne,
Veu le propos, sy digne que personne
N'est suffisant pour soustenir le faix;
Congnoissance me commande et ordonne
De regarder d'impossible la bourne
Que nul esprit subtil, leger ou fraiz
N'a sceu passer, tant ayt il bon relaiz.
Pour estre donc du nombre des Parfaitz,
A la bonté de vous, mon DIEU, *retourne,*
Qui au pecheur grace pour grace donne;
Car regardant mes pensées, ditz et faitz,
Chose qui soit je n'y voy d'œuvre bonne.
Mais verité vostre œil de pitié tourne
A nous tenir la promesse de paix,

A JESUS CHRIST.

Par Charité, qui tout peché pardonne.
En ceste Foy ferme et seure me taiz,
Et pour penser le parler j'abandonne.

APPENDICE

I

Dans l'édition du *Miroir de l'âme pecheresse* d'Augereau (1533), on lit cet avertissement : « Ce Miroir a esté diligemment recongneu et restitué en son entier, sur l'original escript de la propre main de la Royne de Navarre. Parquoy nul ne s'esmerveillera s'il treuve différence entre les aultres impressions et ceste cy derniere. »

A la suite du *Miroir* on y trouve[1] le *Discord de l'esprit et de la chair*, et l'*Oraison à Notre Seigneur Jesus Christ* : « Mon createur, qui avez congnoissance, etc. », mais non l'*Oraison de l'âme fidele* qui figure dans les *Marguerites de la Marguerite*.

Pour rectifier certaines fautes du texte des *Marguerites* de 1547, j'ai consulté la réimpression des *Marguerites* de 1554, et l'édition du *Miroir* de 1533

---

1. V. notre *Introduction*, p. lxxxvij et lxxxviij.

Si l'*Oraison de l'âme fidele* est absente du recueil primitif, en revanche on y trouve deux oraisons *en prose*[1], dont l'une intitulée : *Oraison a nostre seigneur Jesuchrist du pecheur contrit, et penitent. Impetrative de grace et remission pour ses delictz*, doit être reproduite ici comme un complément nécessaire du *Miroir*, et un document confirmant de la façon la plus nette l'affirmation de Théodore de Bèze, citée plus haut dans l'*Introduction*[2], touchant l'adaptation du *Salve Regina* au nom du Christ, par la reine de Navarre, adaptation dont on chercherait en vain la trace dans le texte du *Miroir* même.

En effet, si le *Miroir* n'est qu'une éjaculation perpétuelle vers le Christ, avocat de l'âme pécheresse, et s'il y est invoqué directement, de préférence aux saints et saintes, on ne saurait dire que le nom de la Vierge en soit exclu; témoin ce passage[3] :

Mere de Dieu, douce vierge Marie, etc.

Et l'*Oraison de l'âme fidele* se termine par ces vers[4] :

O Vierge et mere du Salut de nous tous,
Et vous Esluz charitables et doux,
Anges aussi.....
Je vous requiers mettez vous à genoux, etc

Mais si Marguerite fit cette concession aux habitudes

---

1 Le texte de la seconde n'est pas le même en 1531 et en 1533.
2 V p. lxij.
3. V. p. 25-26.
4 V. p. 131.

de la dévotion catholique, il n'en reste pas moins vrai que, conformément au dire de Th de Bèze, elle avait, dès 1533 et 1531, dans l'oraison en prose dont je parle, et qui précède les vers de l'*Oraison à Jesuchrist*, révélé le fond de sa pensée en écartant le nom de la Vierge pour celui du Christ, dans une imitation littérale qui dut paraître alors aux dévots orthodoxes une ironique parodie, et aux huguenots une *protestation* dans leur sens. Voici, en regard du *Salve Regina*, pour qu'on puisse mieux en juger, d'après le *Miroir* de 1531, le texte de cette *Oraison*, qui existe également dans l'édition de 1533 et dans celle dont M. F. Denis possède un exemplaire[1].

Salve Regina, mater misericordiæ, vita, dulcedo et spes nostra, salve.	Je te salue Jesuchrist roy de misericorde. Je te salue nostre vie, nostre doulceur, et nostre esperance.
Ad te clamamus, exules filii Evæ, ad te suspiramus gementes et flentes in hac lacrymarum valle.	Nous qui sommes les fils de Eve : banniz, crions a toy. Nous souspirons a toy, gemissantz et plourantz en ceste vallee de misere.
Eia ergo, advocata nostra, illos tuos misericordes oculos ad nos converte.	Avant doncques, nostre mediateur, convertiz tes yeulx misericordieux a nous.
Et Jesum, benedictum fructum ventris tui, nobis post hoc exilium ostende.	O benoist Jesus, monstre nous la face de ton père apres cest exil.
O clemens, o pia, o dulcis Virgo Maria	O clement, O pitoyable, O doulx Jesuchrist.

1. J'ai parlé plus haut (*Introd.*, p. lxxxix) des citations *textuelles* existant en marge de l'exemplaire de M. Denis. Ces mêmes citations *textuelles* existent dans l'édition de 1531, en marge du *Miroir* et du *Discord de l'esprit et de la chair*, ce qui me confirme dans l'opinion que cette édition sans date est la plus ancienne après l'édition gothique de 1531.

II

J'ai dit ci-dessus[1] que la même édition du *Miroir* contient le « VIe pseaulme de David, translaté en Françoys. selon L'hebrieu, par Clement Marot, valet de chambre du Roy ». On voit que s'il publia seulement en 1541 sa traduction de *trente* psaumes, portée au nombre *cinquante* en 1543, il s'en occupait et en avait livré un essai au public bien avant cette époque.

Au *Miroir* de 1533 (exemplaire de la *Bibl. nationale*), sont joints, en un petit livret portant un autre numérotage, en tout 20 ff.[2] :

1° *Epistre familiere de prier Dieu*. — *Aultre Epistre familiere d'aymer Chrestiennement*. — *Item briefve doctrine pour deuement escripre selon la proprieté du langaige François*, par Montflory ;

2° *L'Instruction et Foy d'ung chrestien mise en Françoys, par Clement Marot, valet de chambre du Roy*, comprenant le *Pater noster*, l'*Ave Maria*, le *Credo*, la *Benediction devant menger*, les *Graces pour ung enfant*, le tout versifié, avec le *Dizain d'ung Chrestien malade à son amy*.

1. V. *Introd*, p. lxxxviij
2. V. *ibid*, p. lxxxvij, lxxxviij. Dans l'ex de 1531 de la Bibl. nat. (y-4369), c'est un opuscule différent qui suit les poëmes de Marguerite. Sous ce titre : « Description nouvelle des merveilles de ce monde, et de la dignité de l'homme, etc. », il contient des vers curieux de *Jan Parmentier*, bourgeois et marchand de Dieppe, un des premiers navigateurs français aux Indes et en Amérique.

La date de la publication est indiquée à la fin : *Mense decembri* 1533.

Un lien étroit unit ce recueil supplémentaire au recueil du *Miroir* et autres poëmes de Marguerite ; le même esprit religieux, le même piétisme, trahissant les tendances de la Réforme, s'y reconnaît de prime abord, et rien que le nom de Marot en serait un indice suffisant. La devise : *Louenge à Dieu seul*, qui suit le *Discord de l'esprit et de la chair*, dans l'édition de 1533, comme dans l'exemplaire de M. Ferdinand Denis, ainsi que les deux oraisons en prose de Marguerite, suit pareillement l'*Instruction et Foy d'un Chrestien*, de Marot Le petit traité de la *Briefve doctrine pour deuement escripre*, etc., est clos par la devise : *Contentement passe richesse*, comme le mot *Contentement* marque la fin de la traduction du *Lysis* de Platon par Bonaventure Des Periers, valet de chambre de la reine de Navarre, qui, au temps de sa ferveur protestante, se servait aussi de la formule : *Au seul Dieu honneur et gloire*. On sent là le langage convenu et habituel de tout un groupe d'esprits en parfait accord d'idées et de sentiments

L'auteur des *Epistres familieres* et du traité de la *Briefve doctrine*,

> *Celuy qui porte le surnom*
> *De Montflory*.....[1]

suivant sa propre expression, est en communication religieuse très-intime avec la reine Marguerite, évidemment

---

1. V. *Introd.*, p lxxxvij.

désignée et symbolisée sous le nom de *damoiselle Camomille*. La ressemblance de la *Camomille* avec la *Marguerite* explique ce surnom bizarre. Montflory rapproche d'ailleurs expressément ces deux noms dans les dédicaces de ses *Epistres familieres*, dont la première porte : « A Madamoiselle MARGVERITE Camomille », et la seconde : « Envoyée à ladicte Camomille. Le premier jour de May », avec accompagnement de traits subtils, absolument dans le goût du *Miroir*. Il y revient dans le traité de la *Briefve doctrine*, qui suit, où il s'exprime ainsi : « La CAMOMILLE a bonne façon de dire, et belle contenance », et où il tire plusieurs de ses exemples du *Miroir* de la reine de Navarre. C'est donc bien elle qu'il appelle sa « sœur *Camomille* », et à qui il dit :

> *Je me tiens vostre entier amy,*
> *Puisqu'ainsi vous plaist de me dire :*
> *Et tiens pour mon grand ennemy*
> *Celluy qui en vouldroit mesdire.*
>
> *Je vous tiens pour entiere amye,*
> *Car ainsi vous plaist me soubscripre ;*
> *Et toutesfoys ne le veulx mye*
> *Dire, n'en mes lettres escripre.*

Voilà pourquoi il se maintient dans une demi-allégorie, motivée par de hautes convenances; il précise d'ailleurs le sens tout mystique de cette alliance d'esprit :

> *Je vous ayme, et vous m'amez ;*
> *Mais quoy nostre amour est chrestienne.*

De ce ja ne serons blasmez,
Mais que noz cueurs en soy Christ tienne.

Requerrons le, qu'il ne permette
Que nous aymions, sinon en luy;
Et qu'en nostre amour ne se mette
Rien dont puisse mesdire aultruy.

Amour qui n'est bonne et honneste,
Ce n'est pas amour, c'est fureur :
Et n'est chose plus deshonneste,
Plus aveugle, ou pleine d'erreur.

Et il dit à ses vers :

Allez à ma sœur CAMOMILLE.
. . . .
Car sur tout ayme l'evangile.

Ce témoignage, qui s'ajoute aux indications de notre étude critique touchant les rapports de Marguerite avec les *evangelizans* ou réformateurs contemporains, s'accorde admirablement avec la *Chanson spirituelle* où elle fait une allusion si hardie au courage des martyrs protestants, et recommande au Ciel leur cause proscrite :

Resveille toy, Seigneur Dieu,
 Fais ton effort
De venger en chacun lieu
 Des tiens la mort.

Tu veux que ton Evangile
Soit preschée par les tiens,
En chasteau, bourgade et vill ,
Sans que lon en cele riens :

Donne donc à tes servans
  Cœur ferme et fort;
Et que d'amour tous fervents
  Ayment la Mort.

Puissent-ils être vainqueurs ! Mais, s'il faut périr dans les tourments,

Plaise toy les contenter
  Dedens la Mort.

. . . .

La Mort, qui à l'infidèle
Est horrible à regarder,
A ton Enfant est sy belle
Qu'il ne craint s'y hazarder.

III

Le traité de la *Briefve doctrine* renferme, entre autres indications curieuses, une règle par laquelle est prescrit l'emploi de la cédille. La rédaction de cette règle, à la date de 1533, mérite d'être relevée pour l'histoire grammaticale de notre langue. L'auteur vient d'exposer que le *c* se prononce tantôt comme *k* ou *q*, tantôt

« quasi comme double *ss* ». — « Et toutesfoys, dit-il, plusieurs par ignorance, quand treuvent en escript facon, en lieu de prononcer fasson, prononcent faquon; et quand treuvent Francoys, en lieu de dire Fransoys, disent Franquoys; et quand voient en escript prononcant, en lieu de proferer prononsant, proferent prononquant, ou prononkant. Et quand veulent dire en Françoys ce que disons en Latin lectio, disent ce que n'est honneste de dire. Et par ainsi toutes et quantes foys que *c* se doit prononcer quasi comme *s* ou double *ss*, afin qu'on sçache incontinent comment il le faut prononcer, nous avons usé de ce charactère ç, qui est un *c* avec une queuë faicte d'une petite *s*, quasi comme un cinq de chiffre. »

Malgré cette règle, la cédille n'était pas universellement adoptée, et l'édition princeps du *Cymbalum mundi* de Des Periers, en lettres rondes (1537), est aussi dépourvue de cédilles, d'accents et d'apostrophes qu'une édition gothique.

NOTES

Page ix, lignes 6-7. *Attaques dirigées contre la papauté.* — Voir la curieuse satire en action jouée devant François Ier et sa cour, en 1524, où figuraient les principaux champions de la Réforme, et où le Pape et l'Église romaine étaient bafoués outrageusement. (Gerdesius : *Hist. evangelii renovati*, tome II, n. 48, et Smedley : *History of the Reform religions* en France, t. I, p. 23 et suiv.).

P. 3, v. 5. *La Vierge Tegée*, c'est-à-dire la constellation de la *Grande Ourse*. — Callisto, fille de Lycaon, roi d'Arcadie, nymphe de Diane, placée au ciel par Jupiter avec son fils Arcas, *Bootès* ou la *petite Ourse*. — *Tegœa virgo*, de Tégée, ville d'Arcadie.

Ibid., v. 10. — *La Poulsiniere*, c'est-à-dire les *Pléiades*.

P. 3 et suiv. *Remarques générales.* sur les *Marguerites de la Marguerite des princesses* — L'*Epistre* de J. de la Haye est en rimes plates ; les rimes masculines et les rimes féminines y alternent régulièrement. Il n'en est pas de même des vers de Marguerite ; elle ne tient compte nulle part de la différence des rimes féminines et masculines. Cette observation porte sur tout l'ensemble de son œuvre poétique dont l'orthographe présente aussi toutes les variations que comportait l'usage du temps dans la même pièce, voire dans la même page On ne consignera, dans l'Index final, que les plus singulières de ces façons d'écrire. — Pour la prononciation, l'indication de certaines rimes est précieuse. Ainsi l'on trouve : *croissent* rimant avec *dressent*; *dextre* avec *mettre*; *digne* avec *divine*; *belles* et *fideles* avec *estoilles*; *Abraam* avec *an*; *descouvre* avec *cœuvre*; *larmes* et *lermes* avec *termes*; *double* et *trouble* avec *couple*; *moindre* avec *craindre*; *prins, reprins*, avec *surpris* et *despris*; *neufz* avec *nœudz*; *propos*, *repos* (écrits aussi *propous* et *repous*), avec *poulx*. — Nœud devient *nœu*, pour rimer avec *jeu* ou *vœu*; *croix* devient *croye* pour rimer avec *joye*. — *Sanglier* y est écrit *sangler*, ce qui explique par la prononciation l'usage conservé jusqu'au XVIIe siècle, par La Fontaine notamment, de compter ce mot pour deux et non pour trois syllabes. Les rimes sont généralement riches ; seulement le simple et le composé riment ensemble souvent, et parfois la répétition littérale du même mot tient lieu de rime. Tels vers, qui semblent faux, ne le sont pas, l'élision de l'*e* muet à la fin des mots étant alors facultative, et l'*apocope* très-licite de certaines finales n'étant pas toujours indiquée typographiquement, bien qu'existant dans la prononciation.

P. 4, v. 11-12. *Seba* et *Saba*. — Saba, la plus grande ville de l'Arabie heureuse, capitale des *Sabæi*, sur une hauteur; pays de la reine de Saba qui visita Salomon. Seba, ville d'Ethiopie, ancien nom de Meroé, capitale de l'antique État du même nom, ville célèbre par son commerce, appelée Meroé depuis Cambyse. (V. Freund, *Grand Dictionnaire de la langue latine*, trad. par Theil.)

P. 13-68. *Le Miroir de l'ame pecheresse*. — Ce poëme, en rimes plates et en vers de dix syllabes, est celui dont la versification et le style sont le plus faibles.

P 23, v. 22. — Les éditions de 1547 et de 1554 portent :

Vostre espouse vous la nommez, et de vous, etc

Le vers et le sens altérés ont été rectifiés d'après la version de 1533, qui seule donne un accord régulier avec le vers qui suit :

Vous appeller son mary et espoux,

Les deux verbes, *nommer* et *appeller*, dépendant nécessairement de : *Il vous plaist bien* (v. 21).

P. 25, v. 17-20. — Texte de 1547 :

> Les motz sacrez *que vous estes disant.*
> . . . .
> *En* la *croyant*, etc.

Le *Miroir* de 1533 porte :

> La parolle *que vous estes disant.*
> . . . .
> *En* la *croyant*, etc.

La représente *parolle* et ne saurait représenter *les motz sacrez*. La modification du texte ayant introduit une incorrection qui rend la phrase inintelligible, on a rétabli ici la première leçon.

P. 54, v. 20. — Texte de 1547 :

> *Battre, tromper, fait l'esprit muer.*

Esperit et non *esprit* est nécessaire pour la mesure; Marguerite écrit d'ailleurs tantôt *esprit*, tantôt *esperit*, comme p. 60, v. 17, où l'édition de 1547 porte :

> *Cecy bien peu mon esperit conforte.*

On a donc repris ici, pour le vers cité plus haut, la leçon de 1533 :

> *Battre, tromper, fait l'esperit muer.*

On ne croit pas devoir relever ici quelques autres corrections analogues, ni les menues fautes d'impression qu'on a fait disparaître çà et là.

P. 61, v. 8-9.

> *Ayt jamais sceu vaincre et tuer ce* Fort,
> Fors *celuy seul*, etc.

L'auteur joue sur le choc de la même consonnance répétée de la fin d'un vers au commencement de l'autre : c'est ce qu'on appelait la rime *fraternisée* ou *annexée*. Elle ne se montre ici qu'en passant ; mais on faisait quelquefois des poëmes entiers où les vers s'enchaînaient ainsi.

P. 69-75. *Le Discord de l'esprit et de la chair.* — Vers de dix syllabes ; stances de sept vers dont les deux premiers ont les mêmes rimes que les vers 4, 5, 6, les vers 3 et 7 rimant ensemble.

Titre primitif de ce poëme : « Discord estant en l'homme par la contrariete de lesperit et de la chair, et sa paix par vie spirituelle. Qui est annotation sur la fin du 7 ch. et commencement du 8 de lepistre sainct Paul aux Rom. » (Ed. de 1531.)

P 76-132. *Oraison de l'ame fidele.* — Poëme en vers de dix syllabes, par *dizains*.

P. 90, v. 20, 23 et 25. — Remarquez *Fol* rimant avec *fort* et *ord* : d'où il suit que dans certains cas on ne prononçait que l'*o* dans ces mots.

P. 133-145. *Oraison à Jesus Christ.* — Vers de dix syllabes. Stances inégales, mais la plupart de dix sept ou dix-huit vers.

P. 134, v. 18.

Et du signe TAV nos frontz mercher,

c'est-à-dire marquer nos fronts du signe du salut, figuré par la lettre grecque ταυ. On compte au nombre des principales formes de croix : « La croix dite *commissa* ou *patibulata* (Gallonius : *de martyr. cruciat.* — Lips. et Gretzer : *De cruce*), imitant la lettre T, qui, chez les gentils, était un symbole de vie, de félicité, de salut. Ce motif a pu contribuer à faire adopter cette forme dans quelques monuments antiques; mais la principale raison de cette préférence, c'est que, d'après une tradition fort accréditée, la croix du Sauveur aurait été une croix en T, et, qu'en effet les écrivains anciens la désignent fréquemment sous le nom de *tau* (Paulin. *Epist.* XXIV, 23, et *not.* 118, Rosweid.)... On voit quelquefois la croix en T employée comme symbole au milieu du nom d'un défunt dans les inscriptions sépulcrales... Ainsi en est-il sur un marbre du 3ᵉ s. trouvé naguère au cimetière de Calliste. — Nous ne saurions pourtant dissimuler que, adoptant en cela le langage figuré des anciens et des Egyptiens en particulier, les premiers chrétiens n'aient pu quelquefois employer le T sur les sépulcres comme le signe hiéroglyphique de la vie future. On sait que ce signe était fixé sur la *penula* de S. Antoine qui florissait déjà avant la conversion de Constantin. Or S. Antoine était Égyptien. » (*Dict. des Antiquités chrétiennes*, par l'abbé Martigny. P. 184, art. *Croix*) Dans le vers où figure le mot *TAV*, ci-dessus, il y est compté pour deux syllabes.

TABLE DES MATIÈRES

CONTENUES DANS LE PREMIER VOLUME.

	Pages.
MARGUERITE D'ANGOULÊME, REINE DE NAVARRE	I à XCIX
MARGUERITES DE LA MARGUERITE DES PRINCESSES, etc. Lyon, Jean de Tournes, 1547	1
A tresillustre et treschrestienne princesse Madame la princesse de Navarre, J. de la Haye, etc. (Epistre)	5
Aux Dames des vertus de la tresillustre et tresvertueuse princesse Marguerite de France, Royne de Navarre, devotement affectionées.	12
Marguerite de France au lecteur.	13
Le Miroir de l'ame pecheresse.	15
Discord estant en l'homme par la contrarieté de l'Esprit et de la Chair.	69
Oraison de l'ame fidele à son Seigneur Dieu.	76
Oraison à Nostre Seigneur Jesus Christ	133
APPENDICE	147
NOTES	156

Imprimé par D. JOUAUST

POUR LA COLLECTION

DU CABINET DU BIBLIOPHILE

JUILLET 1873

www.ingramcontent.com/pod-product-compliance
Lightning Source LLC
Chambersburg PA
CBHW050652170426
43200CB00008B/1262